中国古代十大思想家

仁政学说创始者孟子

李朝阳　主编

黄河出版传媒集团
阳 光 出 版 社

图书在版编目（CIP）数据

仁政学说创始者孟子 / 李朝阳主编. —— 银川：阳光出版社，
2016.8（2020.12重印）
（中国古代十大思想家）
ISBN 978-7-5525-2829-9

Ⅰ.①仁… Ⅱ.①李… Ⅲ.①孟轲（前390-前305）
-哲学思想 Ⅳ.①B222.5

中国版本图书馆CIP数据核字(2016)第190104号

中国古代十大思想家　仁政学说创始者孟子　　李朝阳　主编

责任编辑　陈建琼
封面设计　民谐文化
责任印制　岳建宁

黄河出版传媒集团　阳光出版社　出版发行

出　版　人　薛文斌
地　　　址　宁夏银川市北京东路139号出版大厦（750001）
网　　　址　http：//www.ygchbs.com
网上书店　http：//www.shop129132959.taobao.com
电子信箱　yangguangchubanshe@163.com
邮购电话　0951-5047283
经　　　销　全国新华书店
印刷装订　河北燕龙印刷有限公司
印刷委托书号　（宁）0019182

开　　　本　710 mm×1000 mm　1/16
印　　　张　9
字　　　数　174千字
版　　　次　2016年11月第1版
印　　　次　2021年1月第2次印刷
书　　　号　ISBN 978-7-5525-2829-9
定　　　价　27.00元

前　言

在中华民族长达五千年的历史长河中，勤劳勇敢的中国人凭借自身的聪明才智，创造了曾经领先于世界的古代物质文明，也创造了处于世界前列的古代精神文明。中国优秀的传统文化源远流长，深深根植于中华民族生存和发展的"土壤"中。

中华文化之所以能够屹立于世界民族之林，其原因是多方面的，其中十分重要的一点，就是智慧的中华民族，在长期的生产活动、社会活动、思维活动的过程中，逐渐创造、积累和发展了具有以生生不息的内在思想活力为核心的优秀传统文化。这些是"中华魂"的一个表现方面，是国学不可或缺的一个部分，是中华民族伟大而坚强的精神支柱，是民族凝聚力和生命力之所在，是亿万炎黄子孙引以为豪的无价之宝。

当然，我国的传统文化既有精华，又有糟粕。因此，我们持全盘肯定或全盘否定的态度是不对的。而一知半解、信口开河或以漠然的态度对待我们宝贵的传统文化同样也是不对的。

经过了一个多世纪的巨大的社会实验的验证，我们终于明白了一个道理：发展并不是一味地摒弃过去，发展的障碍往往是对过去的不屑一顾。也就是说，为了更好地走向未来，我们不能同过去的一切彻底决裂，甚至将过去彻底砸烂；而应该妥善地利用过去，在过去这块既定的地基上构筑未来大厦。如果眼睛高于头顶，只愿在白纸上构筑美好的未来，那么，所走向的绝不会是真正的未来，而只能是空中楼阁。

那么，我们该用怎样的态度去对待我们的传统文化呢？

1. **取精华，弃糟粕**。对待中国传统文化，就应该持辩证否定的态度，就像筛选谷物一样，去粗取精，去伪存真，就不会犯"要么肯定一切，要么否定一切"的形而上学错误。研究、分析中国的传统文化不是过多地探讨古人具体离奇的故事，而应有选择地学习民族精神中的独特优点和汲取精华部分。

例如儒家的"三纲五常"，如果依现代人看来，明显是糟粕，但是"三纲五常"最初的含义则是要我们对长辈、父母有一颗感激的心：比如"父为子纲"是发展到了一种极端的状况，开始的时候只是一种心灵的活动，父母养育子女，子女应该懂得感激和回报。这样，双方的心灵就会有一种互动，感受到对方的心意，这时，"情"才会出来，这就是性情的学问。如果从这个角度而言也有其可取之处的。再例如"君为臣纲"，封建社会要求臣下愚忠于皇帝，但皇帝是封建最高统治者，用皇帝的"朕即国家"来说，那也是爱国，忠君是糟粕，爱国却永远正确。

2. **淡形式，重内容**。形式和内容的关系是复杂的：同一内容，由于条件不同，可以有多种形式；同一形式也可以表现不同的内容；新内容可以利用旧形式，旧内容也可以利用新形式。内容与形式的关系并不是并列的、没有主从之分的，在两者之间，内容起着主导的、决定的作用。内容决定形式，形式为内容服务，这是文学作品内容和形式的一般关系。

我们学习传统文化也是如此，"师古不泥古，师古不复古"，并不是穿汉服、行官礼才是传统文化。学习传统文化要重在领会传统文化的精神和思想理念，其目的是为了滋养人格，领悟思想，改善行为。

3. **既传承，又创新**。创新，是传承基础上的创新，继承也是创新基础上的继承。继承传统的目的并不是固守传统，而在于推陈出新。创新是继承中的变革，渐进中的变革。传统文化要"古为今用"，弘扬传统文化时要注意传承，更要创新。

4. **先要学，后要用**。孔子说："学而不思则罔"。学习重在学用结合。只有学用结合，才能取得良好的学习成果。与纯粹的历史学不一样，弘扬中国传统文化有追求现实进步的含义，是"扬善"和"留美"，既要学，更在用，不是"坐而论道"，这是传统文化在新时期的价值归宿。即使是提倡"清静无为"的道学，老子在《道德经》中也是倡导"以正治国、以奇用兵、以无事取天下",而不是一味在书房朗诵"道可道,非常道"。

如儒家的"上善若水,厚德载物"思想,完全"古为今用"。其大致意思是:人的善心应该像水一样。水善于滋润万物而不与万物相争,停留在众人都不喜欢的地方,因此最接近于"道"。最善的人,最善于选择地方,心胸善于保持沉静而深不可测,待人善于真诚、友爱和无私,说话善于恪守信用,从政善于精简处理,能把国家治理好,做事能够善于发挥所长,行动善于把握时机。最善的人所作所为正因为有不争的美德,因此没有什么过失,也就没有咎怨。

"上善若水,厚德载物"也是现代很多企业价值观的核心。结合现代企业而言,企业所提供的产品或者服务本身就是服务于民众,解决社会的一些供求矛盾,而不是单纯的利润追求,这本身就是为善。当他们在为社会和民众服务得到一定的利润后,继而考虑把利润中的一部分拿出来继续投入到社会的发展中去,当然这也包含企业投入成本提高服务的品质或者产品的科研开发等等,而更重要的是很多企业也把很多的利润拿出来为社会的公益事业服务。

纵观我国古代思想史,最有成就和影响最大的十位思想家是:老子、孔子、孟子、庄子、荀子、董仲舒、朱熹、王阳明、黄宗羲、王夫之。他们的思想反映了中国古代思想发展的主要线索。

在物质欲望极度膨胀、科技文化高度发达的现代社会,许多人陷入了超重的生活而不自知。所以,现代人寻找精神家园、追寻生命的本真、探索思想的原始呼声就越来越高。

在本套丛书中,我们深入浅出地分析了中国古代对后世影响最深远的十大思想家的思想观念,力图呈现他们的思想特质。我们萃取他们的人生智慧,以期对现代人有所启迪。有人在怀疑古代思想家的智慧是否已经过时了,我们要说的是:古代十大思想家的智慧不会过时,历史的风雨不会使他们的智慧褪色。他们的智慧是人类的大智慧,既然是人类的大智慧应当属于所有的时代。他们的很多思想精髓能够滋养我们的精神,他们的很多人生智慧都能帮助我们解决现实的人生问题。

　　十大思想家似人世间的棋艺高手，以人世间的大智大慧将做人原则和治世理念，生存体验与生活智慧，精神境界和价格修养等等摆在一张棋盘上，不断变幻出深奥的棋局。他们以人性的目光关注纷繁复杂的社会人情，他们看重道德修养，他们的思想影响着中国封建社会几千年的礼乐文化、政治文化、制度文化、伦理道德、思维方式、价值观念、风俗习惯甚至治国安邦的总体思路。这些都是我们中华民族宝贵的精神财富。

　　让我们一起来聆听圣哲教诲，汲取人文给养吧！

目　录

第一章　孟子一生轨迹

"富贵不能淫，贫贱不能移，威武不能屈"。这掷地有声的言辞是中国古代思想家孟子所阐述的人格标准，两千多年来中国人一直把它作为格言传诵至今。

孟子是山东邹城人，三岁丧父，母亲仉氏把他抚养成人。孟母教子的故事流传至今，成为幼儿教育的范例。在母亲的教导下，孟子刻苦努力、博览群书，成为继孔子之后，儒家学派的又一位代表人物，被尊为"亚圣"，并与孔子合称"孔孟"。

孟母施教

孟子名轲，据说字子车，是鲁国有名的贵族孟孙氏的后裔。孟孙同叔孙、季孙均出身于鲁国公室，是鲁桓公的庶子，史称"三桓"。孟孙氏的嫡系称孟孙氏，其余支子就改称孟氏。先秦时期，姓、氏为二，如按先秦的标准严格区分姓和氏的话，孟子当为姬姓、孟氏。

孟子虽系孟孙氏的后代，祖上曾有过显赫的声势，但由于"陪臣执国命"，故"夫三桓之子孙微矣"。到战国中期，历近一个半世纪，孟孙氏在史书中已罕被提及，这种衰微之势就更加明显了。可能正是由于这一原因，孟子的祖上就从鲁国迁到邹国，故司马迁和赵歧都说"孟子，邹人也"。

孟子出生于邹（今山东邹城）北 25 里的凫村，也称富村，或傅村，古称孟儒里。那里离孔子的故里鲁很近，
"近圣人之居若此其甚也。"在今邹城，有"孟子诞生地"的石碑，为上个世纪初，孟子后人所立。在此方圆仅有几十里的范围内，接连出了孔孟两位旷世大儒，不

孟子像

仅当地人引以为豪,所有中国人也无不感到自豪。

孟子约生于周烈王四年,约卒于周赧王二十六年(关于他的生卒年一直存有争议)。据《春秋演孔图》以及《阙里志》等记载,孟子父名激,字公宜,早亡,母姓仉。

孟子母亲对孟子管教甚严,可以说,孟子的成功发端于母亲的早期教育。孟母教子故事久为世人传诵,已经成为后世教育子女的范例。

早年,孟子一家居住在城北的乡下,他家附近有一块墓地。墓地里,送葬的人忙忙碌碌,每天都有人在这里挖坑掘土。死者的亲人披麻戴孝,哭哭啼啼,吹鼓手吹吹打打,颇为热闹。年幼的孟子,模仿性很强,对这些事情感到很新奇,他看到这些情景,也学着他们的样子,一会儿假装孝子贤孙,哭哭啼啼,一会儿装作吹鼓手,吹吹打打。他和邻居的孩子嬉游时,也模仿出殡、送葬时的情景,拿着小铁锹挖土刨坑。

孟母一心想使孟子成为好读书、有学问的人,看到儿子的这些怪模样,心里很不好受。她感到这个环境实在不利于孩子的成长,"此非所以居吾子也",遂决定搬家。不久，孟母把家搬到城里。战国初期，商业已经相当发达，在一些较大的城市里，既有经营店铺的坐商，也有远来做生意的行商。孟子居住的那条街十分热闹，有卖杂货的，有做陶器的，还有榨油的。孟子住家的西邻是打铁的，东邻是杀猪的。闹市上人来人往，络绎不绝。行商坐贾，高声叫卖，好不热闹。孟子天天在集市上闲逛，对商人的叫卖声最感兴趣，每天都学着他们的样子喊叫喧闹，模仿商人做买卖。

孟母觉得家居闹市对孩子更没有好影响，于是再次搬家，这次搬到了城东的学宫对面。学宫是国家兴办的教育机构，聚集着许多既有学问又懂礼仪的读书人。学宫里书声朗朗，吸引住了小孟轲。他时常跑到学宫门前张望，有时还看到老师带领学生演习周礼。周礼，是周朝的一套祭祀、朝拜、来往的礼节仪式。在这种气氛的熏陶下，孟子也和邻居的孩子们做起演习周礼的游戏："设俎豆，揖让进退"。孟母十分高兴，于是定居了下来。母子定居的地方，就在今天山东省的邹县。这里距孔子的出生地曲阜很近。等孟子到了上学的年龄，孟母也将他送到那所学校去学习"六艺"，也就是习礼、学音乐、射箭、驾车、写字、算术和学习《诗》《书》《易》《礼》《乐》《春秋》等典籍。

孤儿寡母，搬一次家绝非易事，而孟母为了儿子的成长，竟然接连三次搬迁，可见孟母深知客观环境对于儿童成长的重要性。常言道:"近朱者赤，近墨者黑"，这一点在少年儿童身上体现得更为明显。因此，创造良好的客观环境虽然不是一个人成才的唯一条件，但也是其中必不可少的条件之一。孟母通过切身实践，体察到环境对儿童的同化能力。好的环境造就好的儿童，差的环境对儿童产生负面影响。孟母之所以一而再、再而三不嫌麻烦地搬家，无非是为给儿子营造一个她认为理想的人文氛围而已。

对于孟子的教育，孟母更为重视。除了送他上学外，孟母还时常督促他学习。有一天，孟子从老师那里逃学回家，孟母正在织布，看见孟子逃学，非常生气，拿起一把剪刀，就把织布机上的布匹割断了。孟子看了很惶恐，跪在地上请问原因。孟母责备他说:"你读书就像我织布一样。织布要一线一线地连成一寸，再连成一尺，再连成一丈、一匹，织完后才是有用的东西。学问也是靠日积月累，不分昼夜勤求而来的。你如果偷懒，不好好读书，半途而废，就像这段被割断的布匹一样变成了没有用的东西。"也许是响鼓不用重锤,从那之后,小孟轲再没逃过学。

（清）康涛：《孟母断机教子图》

　　孟母不仅重视客观环境对少年孟子的影响,而且十分注重言传身教,以自己的一言一行,一举一动来启发教育孟子。"买肉啖子"的故事,讲的就是孟母如何以自己的言行对孟子施以诚实不欺的品德教育的故事。一次,邻居家磨刀霍霍,正准备杀猪。孟子见了很好奇,就跑去问母亲:"邻居在干什么?""在杀猪。""杀猪干什么?"孟母未经意地随口应了一句:"给你吃啊。"一言既出,驷马难追。本来她并没有这个意思,邻居也没讲过这句话,但如果孩子吃不到肉,那无异于撒谎。于是她不顾手头紧,还是买了肉,兑现了诺言。

　　孟母施教的种种做法,对于孟子的成长及其思想的发展影响极大。良好的环

孟庙孟母断机处石碑

境使孟子很早就受到礼仪风习的熏陶，并养成了诚实不欺的品德和坚韧刻苦的求学精神，为他以后致力于儒家思想的研究和发展打下了坚实而稳固的基础。

值得一提的是，这种精心培育的工作，一直延续到孟轲结婚之后。一天，孟子的妻子独自一人在屋里，蹲在地上。孟子进屋看见妻子这个样子，就向母亲说："这个妇人不讲礼仪，请准许我把她休了。"孟母问："为什么？"孟子说："她蹲在地上。"孟母问："你怎么知道的？"孟子曰："我亲眼看见的。"孟母教导道："这是你不讲礼仪，不是妇人不讲礼仪。《礼经》上不是这样说吗，将要进门的时候，必须先问屋里谁在里面；将要进入厅堂的时候，必须先高声传扬，让里面的人知道；将进屋的时候，必须眼往下看。《礼经》这样讲，为的是不让人措手不及，无所防备。而今你到妻子闲居休息的地方去，进屋没有声响，人家不知道，因而让你看到了她蹲在地上的样子。这是你不讲礼仪，而不是你的妻子不讲礼仪。"孟子听了孟母的教导后，认识到自己错了，再也不敢讲休妻的事了。

一分耕耘，一分收获。孟母的教诲，使孟轲受益匪浅。《史记》没有说孟子的老师到底是谁，只是说孟子的老师是孔子的弟子子思的学生。但子思的学生有多少，叫什么名字，哪一位在邹县从教，都莫衷一是，只好付诸阙如。能确定的，是他的启蒙老师——母亲。

师从儒门

孟子在十五岁以前，深受母亲的教诲，为他日后的学业打下了很好的基础。"十五志于学"，孟子开始拜师求学。那么，像孟子这样一位旷世大儒，他的老师究竟为何人？千百年来，人们一直在寻找，在研究，但都不得而知。

关于孟子的师承问题，历来的争论大致有三种说法：第一，孟子师承子思的门人，即是子思的再传弟子。这种意见以司马迁为代表，见于他的《史记·孟子荀卿列传》。第二，孟子是子思的儿子子上的弟子，最早见于《孟子外书·性善辩》。第三，孟子是子思的弟子，最早见于汉代人刘向《烈女传》。

唯一可以肯定的是，孟子师承于子思。《史记·孟子荀卿列传》称："受业于子思之门人。"子思何人？《史记·孔子世家》载："孔子生鲤，字伯鱼。伯鱼年五十，先孔子死。伯鱼生伋，字子思，年六十二。尝困于宋。子思作《中庸》。"原来，子思不是别人，是孔子之孙，战国时著名的大儒。

子思是否就是孟子的老师呢？

东汉班固《汉书·艺文志》认为：孟子为"子思弟子"；西汉刘向《列女传》也称：孟子"师事子思"；东汉赵岐《孟子题辞》也说：孟子"长师孔子之孙子思"，但他们的说法，为何与司马迁的说法不同呢？

究竟是"子思之门人"，还是子思本人？

我们姑且也推测一次，做一道十分简单的算术题一算便知了。众所周知，孔子死于公元前479年，孔子的儿子伯鱼（即子思之父）比孔子早死三年，即公元前482年。假若子思为遗腹子，他的出生年也不会晚于其父伯鱼死亡的公元前482年。由伯鱼死亡的年限下推六十二年，即为子思在世之年，最晚到公元前420年。而此年，离孟子出生尚有50多年。子思如何会成为孟子的老师呢？

所以，司马迁之说应该是对的。"子思之门人"，的确不是子思本人，而是另有其人。这个人，究竟是谁呢？

"予未得为孔子徒也，予所淑诸人也。"孟子本人如是说，他没有直接成为孔子的学生，而是私下里向人学习的。

显然，孟子也未明说他的老师究竟是谁。

不知道老师是谁不要紧，只要明确了学问的师承关系，老师也就在其中了。

据《韩非子·显学》载：孔子之后，儒分为八，有："子张之儒，有子思之儒，有颜氏之儒，有孟氏之儒，有漆雕氏之儒，有仲良氏之儒，有孙氏之儒，有乐正子之儒。"其中，"孟氏之儒"，与"子思之儒"虽有师承关系，但已分列，说明"孟氏之儒"在战国时已有相当的影响。

而在《孟子》一书中，孟子都是对子思直呼其名，共达16次之多。如果子思真的是孟子的老师，他就该称为夫子。一贯极其重视礼义、倡导尊师的孟子，自然不会如此无礼。这也证明了子思的确不是孟子的老师。

关于子思的师承关系，也存在分歧。孔子去世的时候，子思还年幼，不能直接受业于孔子。子思的老师是谁？有两种说法：一说是曾子，一说是子游。近代学者康有为、梁启超及郭沫若都认定，那个"子思之门人"为子游，是孔子的另一个学生。传统的说法认为子思的老师为曾子。侯外庐《中国思想通史》第一卷第十一章列专节《由孔门的曾子支派到思孟学派的发展》来详细论证这个问题。我们认为此说与《孟子》所反映的思想是相符合的。孟子的师承往上推为：子思之门人—子思—曾子—孔子。唐代人韩愈说："自孔子没，独孟轲氏之传得其宗。"这是说孟子之学为孔子儒学的正统。此话是有道理的。《孟子·公孙丑上》说孟子自述平生愿望的话："乃所愿，则学孔子也。"这是自称是孔子的忠实信徒。还有一段孟子自白，对孔子的崇拜几乎到了无以复加的地步。他说："宰我说：我看老师远比尧、舜贤德得多。子贡说：看一个国家的礼制，就知它的政治，听一个国家的音乐，就能了解它的道德教化。即使是过百代之后去评论百代以来的君主，哪一个君主能违背孔子之道呢？自从有人类以来，没有谁能比得上老师。有若说：难道仅仅人类才有高低的区别吗？麒麟对于一般的野兽，凤凰对于一般的小鸟，泰山对于一般的小山丘，河海对于一般的溪沟，何尝不算同类。圣人与一般的民众，也是同类，但是却远远超出其同类，大大高出其同类，自从有人类以来，没有比孔子更伟大的。"这里孟子借孔子的弟子宰我、子贡和有若三人对孔子的赞美和称颂，表达了他对孔子的崇敬之情。由此可见，孟子继承孔门的正宗是毫不奇怪的。

教书育人

孟子在子思的门人那儿学习了儒家的经典《诗》《书》《易》《礼》《乐》《春秋》。其中他特别长于《诗》《书》。《孟子》一书中引《诗》共三十五处，引《书》共二十九处。可见他对《诗》《书》特别熟悉，运用自如。

孟子三十岁左右时，已经成为乡里有一定声望的儒者了。他也和孔子那样，热心于教育事业，把从事教育事业看作人生三大乐趣之一。他说："君子有三种乐趣，其中并不包括称王于天下。父母都健在，兄弟没有灾祸，是第一种乐趣；抬头无愧于天，低头无愧于人，是第二种乐趣；能得到天下的优秀人才为己任并对他们进行培养教育，是第三种乐趣。"孟子以教育培养天下的优秀人才为己任，广收门徒，在家乡办起了学校。

从中国教育史看，孔孟改变了"学在官府"的局面，开辟了私人办学的风气，把教育从上层官方推到底层民间。孔子之前，学校教育为奴隶主贵族所垄断，只有奴隶主贵族才有受教育的权利。孔子率先打破了"官学"限制，主张"有教无类""自行束脩以上，吾未尝无诲焉"。在孔子的学生中间，有"卞之野人"的子路，也有"卫之贾人"的子贡等。孟子也是如此，多数门人也来自民间。

孔孟打破了贵族垄断教育的局面，是一个不争的事实。更为有趣的是，孔孟的私学都办得有声有色，甚至胜过官学。齐王派时子捎话给孟子说："我想在临淄城中给孟子造一幢大房子，用万钟之粟来养活他们师生，使我国的官吏和人民都有所效法。"结果被孟子推掉。孟子并不是不需要经费办学，而是不愿意成为御用教育家。他提倡尊重教育的自由，反对人莫予毒的教育垄断、陈陈相因的传授特权、定于一尊的思想控制。孟子曾对齐王说："建筑一所大屋子，一定要派木工师傅去寻找质地精良的好木料。找到了这样的木料，您一定很满意，认为这是尽职尽责的表现而予以肯定。由此可见，某种训练有素的技术特长，是社会非常需要的。可是，这种专门人才，经常受到学非所用的待遇。比如，有的人从小开始学习一门知识，长大成为专家，愿用专长服务社会。但是，如果找到您的门下，您不用他的专长，对他说：'放下你的专长，听从我的吩咐！'这怎么能行呢？假设您有一块未经雕琢的玉石，虽然价值连城，您也会毫不犹豫地交给能工巧匠加工。然而，一谈到治国安邦，您却改弦易辙，另立规矩，命令专家放弃特长，按您的旨意另行他事，这与您让玉匠放弃所学、按您的办法去雕玉又有什么两样？"

孟子在故乡邹国从事教育，名声越来越大，常有从外地来投师的弟子。孟子兴办教育的成功，使孟子与外界的交往也多了起来。在教学实践的过程中，他的政治主张、哲学思想、历史观等等都越来越趋于成熟；特别是他希望他的"仁政"主张为当时的诸侯所接受，以便成就统一天下的大业。因此孟子在他四十岁以后，便打算像孔子那样周游列国以推行他的"仁政"主张。

离邹适齐

儒家从来都是入世的，修身的目的，并不仅仅为追求个人道德的高尚，而是为齐家、治国、平天下。

孟子和孔子一样，一生中也周游列国，奔走呼号，希望各诸侯国能施行仁政，但此时正是群雄割据的年代，"天下方务于合从连衡，以攻伐为贤，而孟轲乃述唐、虞、三代之德，是以所如者不合。"（《史记·孟子荀卿列传》）

明知如此，孟子仍有以天下为己任的使命感，在他四十岁左右时，仿效孔子周游列国，开始推行他的仁政主张。孟子坚信，天下哪怕只要有一个圣君明王能接受他的"仁政"思想，整个天下便可运于掌握之中，人民便会安居乐业。他在等待着时机。

时机终于盼来了。齐威王十年，孟子四十三岁，齐威王在都城临淄成立稷下学宫，招天下文学游说之士。

孟子素来以孔子嫡传自居，经过这十多年的教学实践活动，自信不仅精通儒家学说，而且能有所建树和发展。重要的是，如今的孟子，不仅在邹，而且在整个中原各国，均享有贤名盛誉，不断有人前来访问，邀其出国一游，齐国就曾多次有达官贵人来邀。据此，他自信有这个资格和条件。

促使孟子游齐的另一个决定性的条件是孟子对齐威王的信赖。在他的心目中，齐威王是个有为之君，必爱有识之士，必宠忠贞之臣。

齐威王初即位时，喜好声色，饮酒作乐，常常通宵达旦，而不理朝政。但他很快在邹忌、淳于髡的劝谏下，振作起来，决心改变齐国的现状，进行变法改革，要使齐国富强起来。

齐威王是个有雄心壮志的国君，他以"不飞则已，一飞冲天；不鸣则已，一鸣惊人"的精神，任用邹忌为相，田忌为将，孙膑为军师，进行变法改革。他从考核官吏，赏罚分明、树立清廉的风气入手，烹了阿大夫，封赏了即墨大夫。又"谨修法律"，实行法治，广开言路，奖励批评，从而揭露弊政，以便于改革；同时重视人才，选贤任能，加强边防，积极备战。齐威王不以珠玉为宝，而以人才为宝，因此，戍守边防的田忌、檀子、黔夫等都能独当一面。齐威王用人不受传统观念的限制，往往破格提拔。如淳于髡本是赘婿，地位低下，也被委以重任，位在上大夫之列。

稷下学宫的创建当是齐威王变法改革的一项重要成果。齐威王之所以创建稷下学宫，除了受魏文侯尊礼子夏建立西河之学的影响外，还有他为巩固田氏政权的苦衷。据《史记·田敬仲完世家》记载，田氏打算代姜氏而有齐国，不只一世了。其中田常杀齐简公是最重要的一步。当时田常已经杀了齐简公，害怕诸侯群起而攻之，于是"把过去侵占鲁、卫的土地，均归还了，西面与韩、赵、魏言和，南面与吴、越通好，对内整秩政务，奖赏功臣，亲于百姓，因此才使齐国恢复稳定"。可见，田氏在取代姜氏的过程中，在外交、内政上作了大量的工作。到太公田和，迁齐康公于海上，又在浊泽与魏文侯会盟，请魏文侯出面，请示立田氏为诸侯，得到周天子与各诸侯的同意，才于齐康王三十九年（公元前386年）立田和为诸侯。田齐政权的建立，也是来之不易，而且很害怕落个篡杀的恶名。到齐威王时，随着变法改革的进展，他不忘为"田氏代齐"的合理性制造舆论。这就是齐威王创建稷下学宫的重要原因之一，因此，对稷下学宫，齐威王是下了很大本钱的。

稷下学宫的建筑规模宏大，"在康庄大道旁建筑府邸，高高的大门，宽阔的房屋"。齐威王招揽天下文人学士，年纪大、学问高深的为稷下先生，受到格外尊宠。这是战国时期办学时间最长的一所学府，从创办到结束，经桓公、威王、宣王、襄王、齐王建等六代，历时一百五十年左右，几乎与齐国政权相始终。尤其是齐宣王在位时喜欢文学游说之士，如邹衍、淳于髡、田骈、接予、慎到、环渊之徒七十六人，都被赐予列第，为上大夫，参与政事，因此齐国的稷下学士一时多达数千人，呈现出一派兴旺景象。稷下学宫名为官办学校，但其实是以各家私学为基础构成的一个教育、学术机构，也是一个智囊团，为齐国出谋划策，以便富国强兵、称霸诸侯、一统天下。

孟子接受了齐威王的邀请，带领弟子们下榻于稷下学宫，并长时期居住生活在这里。这是一个藏龙卧虎之地，聚集在这里的多是各国著名的学者，他们都像孟子一样，来这里非为谋食求生，而为行道治世。生活在这里的学者一律称作稷下先生，食大夫之禄，其中称著于世的有邹衍、淳于髡、慎到、环渊、田骈、荀况、邹奭、宋荣、尹文等。当然，这些稷下先生并非是同时聚于稷下学宫的。

宋荣主张对己要克制情欲，对人要宽恕，遇到人欺侮要忍受，不和人争斗。他自己很刻苦节俭，到处奔走，"上说下教"，目的在"禁攻寝（息）兵"而"救世"。他认为只有这样，才能使天下太平，人民活命。

尹文，齐国人，学说与宋相同，主张对侮辱容忍，反对战争。

荀况十五岁到稷下游学，曾南游楚国，襄王时又回到了稷下，在人性问题上，他是"性恶"论的代表，与孟子针锋相对。

慎到，赵国人，在稷下与田骈齐名。他一方面主张圣贤不足以羡慕，只有势位才足以制人；另一方面又主张忘却自己本身，任着自然转化，放弃智能，不讲是非，自处于后而不争先，随波逐流才能终身没有名誉，也无罪过。他的学说介于道、法之间，着有《慎子》四十一篇。

田骈，齐国人，善于辩论，有"天口骈"之美称。他的学说主要是一个"齐"字，就是把天地万物，人的生死和事理的是非等量齐观。

儿说，宋国人，名家，他的"白马非马"之论在稷下学宫曾说服了许多学者。

接予，齐人；环渊，楚人。二人皆学黄老道德之术，各有著述。

邹奭，齐人，采邹衍之术以纪文。

淳于髡，东夷莱子国（今山东省龙口市境内）人，为齐国赘婿，齐威王当政时期著名的谏臣、学者和外交家。他虽高不足七尺，其貌不扬，但却博闻强记，滑稽多辩，善说隐语，在谈笑讽喻中施展政治主张。

齐威王当政之初，终日沉湎酒色，不理国政，左右无敢谏者。淳于髡奋勇入朝，陈说国家大事。他针对威王喜听隐语的特点说道："国中有大鸟，止于王之庭，三年不飞又不鸣，王知此鸟为何名？"

威王答道："此鸟不飞则已，一飞冲天；不鸣则已，一鸣惊人。"

还有一次齐威王大宴群臣，淳于髡借机讽谏。齐威王问他："爱卿酒量如何，一次能饮几杯？"

淳于髡答道："于威严之王公面前饮酒，臣时刻不敢忘法纪，每每饮一杯便醉。于长辈面前，需十分拘礼，至多不过两杯。倘好友重逢，五杯六杯下肚亦无醉意。若女色当前，胡作非为，十杯八杯均无关紧要。"正说得绘声绘色的时候，淳于髡突然话锋一转，劝谏威王道："凡事需有分寸，酒极则乱，乱极则悲，万事尽然！……"

闻听此言，威王肃然猛醒，从此罢除了长夜之饮。

齐威王是个有作为的明君，他勇于改过，大胆进取，知人善任，赏罚分明，虚心纳谏，因而短时间内便收复了失地，巩固了国防，使齐国昂然挺立于东方。特别是他思贤若渴，将俊杰贤才视为光照千里的镇国之宝。孟子学富五车，有安邦定国平天下的雄才伟略。按理说，威王与孟子的相见，应该是磁石吸铁，胶漆相合，然而事实却并非如此，这主要是两个人的观点、主张、目的不同，正所谓"道不同，不相与谋"。

毫无疑问，齐威王对孟子的学说早就了如指掌，他认为儒家思想确也很有道理，甚至十分精美，作为一种学说，一门学问进行研究，很有必要，但却不能用它来治国，因为它不实用，至少是现在不实用，将来也许有着不朽的价值，然而远水难救近火。像尊重孔子一样，齐威王十分尊重孟子，因为他学识渊博，有教养，颇有贤名。因此，威王对孟子的态度和接待既热情又恭敬，对他的仁政主张却冷漠，毫不热衷。

两个人的思想距离太大了，大有南辕北辙之势，如何能谈得拢呢？孟子注重民生，提出了"民贵君轻"的思想，这是无论哪一个国君也难以接受的，齐威王自然也不会例外。草民之徒，群氓之辈，怎么会重于君呢？这岂不是天地颠倒，日月混淆吗？基于这一重民尊民保民思想，孟子反对兼并战争，因为争城夺地之战，杀人盈城漫野，害得百姓妻离子散，实在是太残酷了。而这时的齐威王正在厉兵秣马，一心要称霸诸侯。要打仗就得有将士，有战车和武器，有衣食和军饷，孟子主张取于民有制，这个不征，那个少收，但这战争的消耗、开资从何而来呢？使民有恒产，从而富民、教民，孟子的这一主张也许是正确的，但齐国的土地有限，多给了农民，地主和贵族怎么办？齐威王正在扩军备战，哪里会有心思和精力去进行这土地制度的改革呢？……

正因为如此，孟子初到稷下学宫时，并未受到齐威王的重视，在学宫里地位也很一般。因此，孟子遭到淳于髡的讥讽。《孟子·离娄上》记载了孟子与淳于髡的对话：

淳于髡问："男女之间不亲手递送东西，这是礼制的规定吗？"

孟子说："是礼制的规定。"

淳于髡说："若是嫂嫂不小心掉进井里去了，能用手去拉她吗？"

孟子说："嫂嫂落水了，不去援救，就是和豺狼一样了。男女之间不亲手递送东西，这是礼的规定；但是嫂嫂掉进水井里去了，用手拉她起来，就是变通的办法。"

淳于髡说："而今天下大乱，人人都掉进水里去了，先生不去援救，是为什么呢？"

孟子说："天下大乱，人都掉进水里去了，要用道来援救；嫂嫂掉进水井去了，用手去援救。难道说你要我抛弃道而用手去援救天下的人吗？"（淳于髡曰："男女授受不亲，礼与？"孟子曰："礼也。"曰："嫂溺则援之以手乎？"曰："嫂溺不援，是豺狼也。男女授受不亲，礼也；嫂溺援之以手者，权也。"曰："今天下溺矣，夫子之不援，何也？"曰："天下溺，援之以道，嫂溺，援之以手——子欲手援天下乎？"）

淳于髡是齐国人，善于讽刺，因为他曾用讽刺的办法劝谏齐威王振作起来朝廷改革，因此他在稷下学宫地位较高。从他和孟子的这段对话看来，孟子的"仁政"主张并未能在齐国实现。而孟子是不愿意抛弃自己的主张以求得高官厚禄的。因此，最初到齐的一段时间，他甘居下位，没有任何官职，也没有向齐威王直接进言的责任。《孟子·公孙丑下》记载了一段话，很能反映孟子当时不得志的情况：

孟子对齐大夫蚳蛙说："你辞去灵丘县长的职务而请求任治狱的官，好像有道理，这是因为有机会向国君进言。到现在你做这官已经有几个月了，怎么还没有向国君进言呢？"

蚳蛙向国君进言，齐威王不采纳。于是蚳蛙辞职走了。

齐国有人说："孟子为蚳蛙出的主意，可以说是很好的。但是如何为他自己打算，那我就不知道了。"这话的意思是：你孟轲为行仁政之道，害得蚳蛙进谏不成，辞官而去；你自己屡屡进谏，威王始终不肯采纳，为何还赖在临淄不走，而不从速离去呢？

孟子的弟子公都子将齐国人这话告诉了孟子。

孟子说："我听说，有官职的人，若是没法尽到职责，可以辞职不干；有进言的责任的官，若是言不听、计不从，也可以辞职不干。而我既没有官职，又没有进言的责任。那么，我或者进、或者退，其行动不是宽舒得很，大有回旋余地吗？"

由此可见，孟子还是参加一些政治活动的。但是，他一没有固定的官职，二没有向国君直接进言的责任。这种状况反映了孟子在稷下学宫的地位还很低下，绝不是位居列大夫，"不治而议论"有官职、有言责的最高级的那部分稷下先生。

不过，孟子不仅与大夫蚳蛙有过交往，而且还与齐将匡章交游。那时匡章因为不孝，名声有些不好。但是孟子为他辩护，《孟子·离娄下》记载：

公都子说："匡章是位全国都说他不孝顺的人。先生却和他交往，而且还很敬重他，请问这是为什么呢？"

孟子说："一般所说的不孝顺有五种：手足不勤快，不照顾父母的生活，这是一不孝；喜好下棋、饮酒，不照顾父母的生活，这是二不孝；喜好钱财、货物，偏爱妻室儿女，不照顾父母的生活，这是三不孝；放纵耳目的声色之欲，使父母为此遭受耻辱，这是四不孝；好勇喜斗，因此危及父母，这是五不孝。匡章和这五种不孝中一种沾边了吗？匡章只不过是父子之间用善相责备，从而把关系搞坏了罢了。用善相责备,这是朋友之间的相处的原则;而父子之间用善相责备,是最伤感情的。匡章难道不想夫妻母子相团聚吗?就因为得罪了父亲,被逐出,不能和他亲近,匡章只好把爱妻赶了出去,把儿子也赶到远方,终身不让他奉养,以此来赎责父不善之罪。他如此设想,若不这样,那罪过就更大了。这就是匡章的为人!"

公元前335年,秦国借路于韩国和魏国来进攻齐国,齐廷发生了遣将之争。孟子前往廷谏,借机为匡章恢复名誉。孟子能言善辩,长于取譬,开言吐语,无不头头是道。也是形势危急,秦师已取韩之宜阳,威王便纳孟子之谏,委匡章为将,率师西去应敌抗秦。

齐威王任命匡章为将,领兵迎敌,与秦两军相对,扎下营寨。双方几次互派使者,往来其间。匡章派人化装为秦军混杂于秦军之中。齐威王派到前线的侦探回来报告说匡章派不少人到秦军中去了,齐威王对此未表态。过了一会,侦探又来报告说,匡章以齐军投降秦国了,齐威王对此仍不表态,如此报告多次。朝中于是有官员请示齐威王说:"报告匡章投降者多人,都这么说,大王为什么不发兵去讨伐匡章呢?"齐威王说:"匡章不背叛我是很明显的,为什么伐他呢?"

又过了一阵,侦探回来报告说,齐军打了大胜仗,秦军大败。于是秦武王自称西藩之臣,表示谢攻齐之罪。朝中大臣问齐威王:"怎么知道匡章不会降秦呢?"齐威王说:"匡章的母亲名叫启,她得罪了匡章的父亲,匡章的父亲杀了她,而埋在马棚之下。我任命匡章为将时,勉励他说:'这一仗以将军的威力,全胜归来,我一定找个合适的地方重新埋葬将军的母亲。'匡章回答说:'臣下不是不能重新埋葬母亲啊。臣下的母亲启得罪了臣下的父亲。父亲活着的时候并没有教我重新埋葬母亲。没有得到父亲教我重新埋葬母亲,而去重新埋葬母亲,这是欺骗已经死了的父亲,所以我不敢这么办'。一个作为儿子而不欺骗已经死了的父亲的人,难道他作为人的臣下能欺骗还活着的国君吗?"

由以上记载可以看出,匡章的所谓不孝,只是父子之间用善相责备而已。大概是他父亲杀了她的母亲,埋在马棚之下时,匡章曾劝他的父亲不必做得太过分残忍,因此得罪了他的父亲。他的父亲认定这是儿子干涉老子,是不孝,把他赶出家门,永远不相见,从而引起了全国都说他不孝的话来。孟子与匡章交游，并竭力为匡章辩护，说他并不是不孝。经过孟子为他辩护之后，民众与齐威王都改变了认为匡章不孝的看法，齐威王也任命匡章为将，又答应他在战胜秦国之后重新埋葬他的母亲。

由于孟子到处活动，褒贬人才，在齐国有一定的影响，因此也逐渐受到齐威王的重视。据《孟子·公孙丑下》记载，齐威王曾想用金钱收买孟子。有一次，孟子的弟子陈臻问，过去在齐国，齐威王送来上等的黄金一百镒，老师没有接受，是为什么呢？孟子回答说："那时在齐国，没有什么理由要接受齐威王送来的钱，没有什么理由却要送给我金钱，这就等于用贿赂来收买我。君子怎么能用金钱来收买呢？"

归鲁葬母

此时孟子在稷下学宫没有显赫的地位，可以想见，待遇很一般，齐威王要送他两千两上等金，可以说是一大笔钱。孟子以安贫乐道自居，当然不会无缘无故就接受齐威王的钱。不过孟子在齐的时间并不短，而且当时也把家属带到了齐国。汉代人刘向《烈女传》记载："孟子居住在齐国显露出忧愁的样子，将身子倚靠着屋柱而叹息，被孟母仉氏看见了。孟母问孟子为什么这样？孟子回答说：'我的主张不能推行于齐国，很愿意离开齐国，但是母亲年老多病，因此才忧愁啊'。孟母说：'丈夫死了，服从儿子，这是礼的规定。你按照你应该执行的礼办事。我按照我应该执行的礼办事。'"但是孟子很孝顺母亲，他虽然想离开齐国，却为了养老母亲仍然留在齐国，直到母亲去世。

公元前 327 年，孟子六十三岁，孟母仙逝归天，高寿八十六岁。她结束了艰难的人生旅途，给人类造就了一位文化巨人——孟子。

哭泣尽哀之后，孟子亲自为母亲料理丧事。孟子此前在稷下学宫的地位有所上升，已进入大夫的行列，因此孟子可以以大夫之礼安葬母亲。由于相传孟子是鲁公族后裔，其祖墓在鲁，故葬母于鲁国。今邹城北马鞍山有孟母林，是孟母安葬之处。

孟母墓

　　孟子在鲁为母守丧三年，于公元前324年返齐。一日，宿于嬴（故城在今山东省莱芜市境内），弟子充虞请问道："虞不才，蒙夫子错爱，让我主管棺椁制造的工作，那时大家都很忙，充虞虽然有些疑问，也没敢向你提问。现在我想可以向你请教了：棺木好像太好了。"

　　孟子答道："上古之时，棺椁尺寸没有一定的规定；中古以后，棺厚七寸，椁与之相称。上自天子，下至庶民，之所以讲究棺椁，不是为了美观，而是为了尽孝。为法制所限，不能用上等木料者，所以感到不称心；依礼与法能用上等木料，但因财力不足的，也不如意。既可以用上等木料，财力又能达到，古人都如此办了，我为什么就不能这么做呢？而且，仅仅为了使死者的尸体不与泥土相接触，这对孝子来说，岂不感到遗憾吗？我听说过，任何情况，君子都不在父母身上俭省钱财。"

　　孟子对弟子充虞讲了古代的葬礼制度和儒家主张厚葬的道理。从充虞的问话中，我们知道孟子葬母的棺椁是相当好的。这说明孟子在齐的地位已经位列大夫（客卿），而且收入也很可观，与孟子最初来齐之时 "既没有官职，又没有进言的责任"的情况完全不同了。

三年的时间是短暂的，但在这短暂的三年里，齐国的政局却发生了巨大的变化，邹忌与田忌之间的矛盾终于激化引发冲突，发生了战乱，稷下学宫衰落，稷下先生纷纷离去。孟子见齐威王仍不能实现接受他的"仁政"主张，感到留在齐国没有多少意义了，于是，孟子离开了齐国。

公元前323年，六十七岁的孟子告别了年迈的齐威王，怀着复杂的心情离开了临淄城，开始了新的漂泊。

离齐适宋

宋国是殷人的后代建立的国家。周武王战胜殷纣王，封纣王的儿子武庚继续祭祀殷的宗庙，又派管叔、蔡叔监视武庚。周武王死后，周成王年幼，管叔、蔡叔与武庚叛乱，于是周公旦东征，诛戮武庚，杀管叔、蔡叔，而封殷纣王的庶兄微子启于宋国，以代替武庚的地位。微子启就是宋国的第一代国君。春秋时期，宋襄公时宋国一度强大，到战国时期，宋仅是一个小国，宋剔成四十一年（相当于齐威王十九年，公元前338年），剔成的弟弟偃打败剔成，夺取了君位。宋君偃十一年（公元前327年）时，自立为王，即宋王偃。这时宋国都城已经由商丘迁到彭城（今徐州市）。宋王偃称王后，东面打败齐国，夺取了五座城；南面打败楚国，得到三百里土地；西面打败魏国，曾一度强大。孟子在齐时听说宋王偃将要推行"王政"所以他决定先到宋国，看是否有推行仁政的可能。

弟子们对孟子的决定很不解，《孟子·滕文公下》记载：万章问："宋国是个小国，而今将要实行仁政，齐、楚两个大国很厌恶它，因此用武力进行征伐，应该如何办呢？"孟子没有就事论事地正面回答万章的问题，而是给他讲了一段商汤和周武王的故事：

"商汤居住在亳都（今商丘北），和葛国（故城在今河南宁陵县北十五里）为邻。国君葛伯非常放肆，不遵守礼制，不祭祀鬼神。商汤派人去问他说：'为什么不祭祀呢？'葛伯回答说：'没有供祭品的牛羊。'商汤便送牛羊到亳去。葛伯把牛羊宰杀来吃了，仍然不用来祭祀。商汤又派人去问葛伯说：'为什么还不祭祀呢？'葛伯回答说：'没有供祭品的粮食。'商汤便派亳地的民众去替葛伯耕种，老弱的人为他们送饭。葛伯却率领他的民众，拦劫那些带着酒和饭菜的送饭的人，若不交出饭菜，就当场杀掉。有一个小孩去送饭和肉，竟被杀害，饭和肉也被抢走。《尚书》记载：'葛伯仇视送饭的人'，正是说的这件事情。因为葛伯杀了送饭的孩子，所以商汤要讨伐他，天下的人都说：'商汤讨伐葛，不是为了贪图天下的财产，而是为了替民众报仇'。'商汤进行征伐，是从葛国开始的'。出征十一次，而没有人能够抵抗。向东面征伐，西面的人埋怨；向南面征伐，北面的人埋怨，说：'为什么要后打我们这里呢？'民众盼望商汤，好像天大旱时盼望下雨一样。商汤的军队所到之处，进行买卖的人不停止交换活动，在庄稼地里耕种的人，也不躲避。诛杀那残暴的国君，安抚处于水深火热之中的民众，这就好像下一场及时雨一样，民众皆大欢喜。《尚书》也说：'等待我们的君王，君王来了我们就不再受罪了。'

"《书》云：'等待我们的王，王来了我们不再受罪！'这讲的是人民盼望周武王的情形。又说：'攸国不愿称臣，周王就进行东征，以便安定那里的人们。人们把黑颜色和黄颜色的绸帛捆好，放在筐子里作为见面礼，请求和周王相见，以此为光荣，便当了大周国的臣民。'这就是周朝初年征伐攸国的情形。官员们把黑色和黄色的绸帛捆好，放在筐子里作见面礼以迎接周的官员；小民也用筐子盛上饭，用壶装满酒来迎接士兵；这足以说明周王出兵的目的是为了解救处于水深火热之中的民众。杀掉那残暴的国君而已。《尚书·泰誓》说：'发扬我的威武，进攻到邢国的疆域里去，杀死邢国残暴的国君，把那些该死的统统杀光，这功绩比商汤还要辉煌。'"

孟子讲完了历史，最后总结似的说："宋偃王不实行仁政便罢了，假如实行仁政，天下都会抬头仰望，盼着他，想拥戴他为君王，齐国和楚国虽然强大，但又有什么可怕的呢？"

因此，孟子初到宋国，对宋王偃还是很有信心的，以为他能够真正实行仁政。在孟子看来，只要能够真正实行仁政，未必是大国才能称霸诸侯；就是小国也可以称王于天下，即统一全中国。但是，宋王偃并不是孟子所想像的那样美好，宋国的大臣们对孟子的"仁政"主张，也并不积极。孟子建议宋大夫戴盈之废除其他杂税，只收十分抽一的税，就遭到戴盈之的抵制。《孟子·滕文公下》记载：

戴盈之听到孟子减税的建议后，很是赞赏这种薄税敛的主张，但同时又很为难地说道："税率实行十分抽一，免除关卡商品的税费，眼下宋国确实很难办到，我想今年先略作减轻，等到明年，则遵照您的主张完全实行，怎么样呢？"

孟子说："如今有这样一个人，一天偷邻居一只鸡，有人告诫他说：'这不是君子所干的事。'他回答说：'你说得很对，只是不偷鸡就没有美味可以吃。我想先减少一点，一个月偷一只鸡，等明年就不偷了。'既然已经知道这样做不符合道义，就应该很快停止，为什么要等到明年？"孟子意识到宋王偃周围缺少贤臣。

当滕国滕文公为太子的时候，与老师然友出使楚国，路过了宋国彭城。滕国是西周时一个小的诸侯国，故城在今山东省滕县西南，与宋是邻国。由滕南下到楚，或由楚北上到滕，宋都彭城是必经之地。还是太子的滕文公在彭城遇见了孟子，于是向孟子提出了一系列问题，诸如怎样为君；怎样治国；如何服民；怎样与大国交往；滕是小国，纵行仁政，对天下有何裨益；怎样的人才能统一天下等。孟子逐一予以回答，有理论，有史实，有榜样。

孟子综合了世子提出的问题，发现他最大的弱点是缺乏大丈夫的雄心壮志，便进一步给他讲述了事在人为的道理，最后说道："成对齐景公说：'人家是男子汉，我也是男子汉，我为什么要害怕人家呢？'孔子的弟子颜渊说：'舜是什么样人？我是什么样的人，有作为的人也应该和他一个样。'曾子的弟子公明仪说：'周文王是我的老师，周公难道会欺骗我吗？'而今的滕国，其国土截取长的补上短的，已将有方圆五十里，通过治理，还可以成为一个好国家。《尚书》说：'如果药吃下以后没有头晕脑转的反映，顽症便不能痊愈。'"

滕世子牢牢记住了孟子的这些话，衷心地感激他的谆谆教诲，赠以厚礼，再拜而去。

然而孟子的为政思想终究不能得到宋堰公的认可。《孟子·滕文公下》记载了一段孟子和宋国大臣戴不胜的对话：

孟子对戴不胜说："你想要你的君主学好吗？我明白告诉你，有个楚国大臣在这里，希望他的儿子学习齐国话，那么，请齐国人教他？还是请楚国人教他呢？"

戴不胜说："请齐国人教他。"

孟子说:"一个齐国人教他,却有许多楚国人在旁边打扰,虽然每天用鞭子抽他,强迫他说齐国话,也不可能做到;你说薛居州是个道德高尚又有学问的人,派他居住在宋王宫廷里。如果在王宫里的人,不论年长年幼,也不论地位尊贵和卑贱,都是薛居州那样的人,君王还能和谁去学干坏事呢? 要是在王宫里的人,不论年长年幼,也不论地位尊贵和卑贱,都不是薛居州那样的好人,君王又和谁一起去干好事呢? 一个薛居州能怎么样呢?"

孟子在这里感叹宋王偃朝廷中贤臣太少,看来要实行"仁政"并不容易。因此孟子不打算在宋国久留,他接受了宋王偃七十镒黄金馈赠,以作为路费,打算"远行"到大梁。

《孟子·公孙丑下》记载,弟子陈臻问孟子为什么在宋国接受七十镒两金的馈赠时,孟子回答说:"当时在宋国,我有远行的打算,对远行的人必定要送些路费,并且说:'送给你一点路费吧。'既然这样,我为什么不接受呢?"

离宋回邹

离开宋国,孟子本欲去往大梁,但是忽有邹穆公差人送来急信,请其归国,共商强邹大计。邹国是孟子的父母之邦,是生他养他的地方,而且自己与邹君素无矛盾,当年之所以离邹去齐,皆因邹国小力薄,无意行仁政,适逢齐设稷下学宫,广招天下贤士,犹如鸟攀高枝,匆匆而去。二十年的时间若流水,自己却毫无建树,如今既然家人不弃来招,自无不归之理。

时值夏秋之交,行至薛城,阴雨连绵,河水暴涨,无法前进,只好在薛暂住。薛,已经不是春秋时代的薛国,此时已经被齐所灭亡,成为齐威王的儿子靖郭君田婴的封邑。在薛期间,有人要谋害孟子,于是孟子接受了五十镒黄金的馈赠。当弟子问及孟子为何收下黄金时,孟子回答:"当时在薛,我知道路途上有危险,因此有戒备之心,人家说:'听说你需要戒备,送一点钱给你买兵器吧。'既然这样,我为什么不接受呢?"

孟子离开薛,回到了家乡邹国。这时正碰上邹国和鲁国发生了冲突,邹穆公来请教孟子。《孟子·梁惠王下》记载了这事：

邹穆公问孟子说："邹国与鲁国发生了一场战斗，邹国的官员死了三十多人，而老百姓却不愿卖命。杀了这些人嘛，又不能都杀尽，若是不杀呢，他们恶狠狠地望着自己的官吏被杀而不去营救，实在可恶得很，我应该怎样办才对呢？"孟子却不愿顺着他说话。他严厉地指出："早在灾荒之年，百姓饥寒交迫、流离失所者多达千人，而大王的粮仓充盈，库房中珠宝堆积，却未能救济百姓。下面的官吏不报告实情，还趁火打劫，百姓早就怨恨在心了。曾子说：'警惕啊！警惕啊！你用什么办法对待别人，别人也用同样的办法来回报你！'这句话真对啊！你的民众今天才得到报复的机会了。因此，你不要责备民众了，你只要实行仁政，你的民众就会亲爱他们的上级，愿意为长官们牺牲了。"

据说，邹穆公就是听了这番议论，开始实行仁政，从而把国家治理得很好。据汉代人贾宜《新书·春秋》记载："楚王想使邹穆公淫乱，送四个能歌善舞的美女到邹来，邹穆公仅仅看了一个早上，晚上就叫送回楚国。他乘坐的车不用皮与帛装饰，驾车的马不吃地里的庄稼，没有放纵与邪恶的事，也没有骄傲与嬉戏的行为。吃饭时不摆许多种菜，不穿多种颜色的衣服，自己刻苦以招徕民众，尊敬贤才以使国家安定。对待民众好像是自己的儿子。邹国的秩序很好，就是有东西遗失在路上，也没有人要；大臣和民众都服从邹君，那关系就好像是人的心脏与四肢一样协调。因为邹穆公的缘故，鲁国和卫国不敢轻视，就是齐、楚这样的大国，也不敢来胁迫它。"

可见邹穆公行仁政，在当时有积极的影响。贾宜《新序·刺奢》还记载了邹穆公藏富于民的故事：

邹穆公下令，养鸟只能用长得不饱满的粃籽，不能用粟米。而当时官仓内只有粟米，没有粃籽。为了养宫廷里的鸟，就用粟米两石换民众一石的粃籽。主管的官吏认为这样太不合算，请求用粟米喂鸟。邹穆公说："不，你不知道其中的道理啊！农夫喂饱了牛才让它耕地，而自己却顶着烈日锄地，勤劳而不懒惰，难道说仅仅是为了牲口吗？那粟米是人的上等粮食，怎么能够用来养鸟呢？你真是只从小处计算而不从大处计算啊！国君就是民众的父母，把官仓里的粟米转移到民众中去，难道这就不是我的粟米了吗？鸟如果吃邹的粃籽，不浪费邹的粟米，粟米在官仓还是在民间，这又有什么关系呢？"邹国的民众听说这话，都知道私人的与公家的积蓄都是一个整体。这才真正懂得富国的道理。

又据《新书·春秋》记载，后来邹穆公去世了，邹国的民众好像失去了慈父一样，"行哭三月"，四面民众也在路旁为之痛哭，抱着手很忧伤地走着，卖酒的人家也不卖酒了，屠户们也都回到家中，顽童也不在外面唱歌，舂米、板筑的人都不喊号子……琴瑟等乐器也不弹奏了。直到一周年以后才恢复……可见民众对邹穆公是多么怀念。而孟子对邹穆公的转变是起了很大作用的。

在邹国期间，孟子集中讲学，走亲访友，接待来访者。

一天，孟子正在聚精会神地给弟子们讲"礼"，屋庐子匆匆自任归来，他是专程来向老师请教"礼与食孰重"的。任国开国之君是太皞的后代，姓风，与邹国是邻国，故城在今山东济宁市。屋庐子名连。

有一个任国人问屋庐子："礼与食孰重？"

屋庐子回答说："礼重。"

任国人接着问："娶妻与礼节孰重？"

屋庐子回答说："礼重。"

任国人反驳说："如果按礼节来办得不到吃的，就会饿死；不按礼节来办，能得到吃的，就可以吃饱。那么，一定要按照礼节办事吗？按婚礼办事，新郎亲迎新妇，就不能得到妻子；如果不按婚礼办事，新郎不亲迎新妇，就能得到妻子。那么，一定要按婚礼办事吗？"

屋庐子被问住了，不能回答，只好跑到邹国来请教老师。

孟子说："对于这个问题有什么不好回答的呢？要是不衡量基地的高矮是否一致，而只看其顶端的高矮，那么只有一寸立方的木块，如果把它放在很高的地方，可以使它比尖角的高楼还要高。人们常说，金比羽毛重，难道是说三钱多重的金与一大车羽毛相比较吗？用饮食的重要之处与礼节的次要之处相比较，何止于饮食的重要呢？用娶妻的重要方面与礼节的次要方面相比较，何止于娶妻重要呢？你去告诉任国那个人，说：'扭折你哥哥的胳膊，强夺他的饮食，就能够得到吃的；不扭折你哥哥的胳膊，就得不到吃的，那么你扭不扭折你哥哥的胳膊呢？从东边邻居家墙上爬过去搂抱人家的姑娘，就能得到妻子，要不这样搂抱，就得不到妻子，那么你会去搂抱吗?'"

屋庐子来邹，带来了任君之弟季任的厚礼。季任留守任国，代理国政，常听屋庐子赞颂孟子的贤德，便托屋庐子送礼物来与孟子结交，并邀请孟子在方便的时候到任去游览观光。孟子接受了季任的厚礼，不久便专程赴任，拜访季任。礼尚往来，孟子自然亦以厚礼答谢。孟子在任住数日，二人常彻夜畅谈，谈善性，谈尧舜之道，谈仁政，季任觉得受益匪浅。但是在对许多问题的看法上，季任并不与孟子完全一致，只是碍于情面，不好意思与孟子辩论。看法不同，憋在心里难受，一天，季任趁孟子不在，问其弟子公都子道:"为何说义是内在之物呢?"

公都子说:"从我内心发出的尊敬，所以说是内在的东西。"

"同乡的人比大哥年长一岁，那么该尊敬哪一个呢?"

回答说:"尊敬大哥。"

"若是在一块喝酒，该先给哪一个斟酒呢?"

回答说:"先给同乡人斟酒。"

"你内心所尊的是大哥，而又给同乡长者先斟酒，以求尊敬，可见义果然是外在东西，而不是从内心出发的。"

于是，公都子不能回答，将这话告诉了孟子。

孟子说:"你问他:'是尊敬叔父呢? 还是尊敬弟弟呢?'他将会说:'尊敬叔父。'你又问:'如果在祭祀时弟弟作为受祭的代理人，你该尊敬谁?'他将回答说:'尊敬弟弟。'你问他说:'你怎么说要尊敬弟弟呢?'他将会回答说:'因为弟弟处在该受尊敬的地位的缘故。'这样你也可以说:'同乡的年长者处在应该受尊敬的地位的缘故。经常的尊敬是对大哥，暂时的尊敬则是对同乡年长的人。'"

公都子用孟子的话去反问了孟季子，孟季子听了之后说:"对叔父也是尊敬，对弟弟也是尊敬，可见义还是外在的东西，而并不是从内心出发的。"

公都子说:"冬天天气冷喝热水，夏天天气热喝凉水，难道人的饮食不是人的本性而是内在的吗?"

这期间，滕君之弟滕更，曹君之弟曹交，都曾来邹拜访过孟子，向孟子求教，并欲拜孟子为师，在孟子门下学习。正因为他们是国君之弟，出身贵族，便有一种骄傲感与自负感，一个个趾高气扬，盛气凌人，不可一世，因此孟子虽耐心解答他们提出的问题，但却不肯收其为徒。

曹交问孟子说："你说人人都可以成为尧舜，有这样的话吗？"

孟子曰："有的。"

"曹交听说周文王身高一丈，商汤九尺，今曹交身高九尺四寸，只是吃饭罢了，怎样才能和尧舜一样呢？"

孟子说："这有什么难呢？只要去做就行了。要是有人在这里，自己以为一只小鸡也提不起来，就是没有力气的人了；要是有人说，能举起三千斤的重物，就是有力气的人了。那么，能举起古代大力士乌获所能举起的重量，这就可以成为乌获那样的大力士了。难道人以不能胜任为忧患吗？只不过不去做罢了。慢慢地走，跟在年纪大的人的后面，叫做悌。走慢点儿，难道是人所不能办到的吗？是因为不那样干罢了。尧舜之道，只是孝悌而已，你要是穿尧的衣服，说尧所说的话，办尧所办的事，这样就是尧了。你要是穿夏桀的衣服，说夏桀的话，办夏桀所办的事，那就是夏桀了。"

曹交说："我打算去见邹国国君，请他安排一个住所，我愿意留下来做你的学生。"

孟子曰："道就像大路一样，难道很难了解吗？就怕人不去追寻啊！你回去追寻它，到处都有老师啊！"

后来公都子曾问不收这些人为徒的原因，孟子解释说，凡依仗权势来拜师者，依仗贤能来拜师者，依仗年长来拜师者，依仗有勋劳来拜师者，依仗老交情来拜师者，均拒之于门外，一概不收。由此看来，孟子收徒也还是有条件的，并非"来者不拒"。

这一年的冬天，滕定公逝世了，太子即位，即是滕文公。孟子在宋国时与滕文公见过两次面，因为他对孟子十分佩服，所以滕定公死后，孟子虽然已经过薛归邹了，滕文公还是特地派他的师傅然友到邹国来向孟子请教葬礼该如何进行。因为邹离滕只有四十多里，往返也不过大半日，所以可以先去问了孟子然后再进行葬礼。《孟子·滕文公上》记载：

滕定公死了，太子对他的师傅说："过去孟子在宋国时曾和我讲过许多话，使我终生不能忘记。而今非常不幸，遇到父亲亡故，我想派你去邹国请问孟子该如何办之后，再办理丧事。"

然友遵旨赴邹，向孟子说明来意，孟子十分赞赏滕太子的孝行，说道："这不是很好吗！父母的丧葬之礼，本来就该主动尽心尽力地办理。曾子说：'父母在世时，以礼相待；死了，埋葬要照礼的规定进行，祭祀也要按照礼的规定来做，这就可以称得上孝顺了。'诸侯的礼，我虽然没有学过，但是，我也曾经听说过。实行三年的丧礼，穿着粗布制作的不缝边的孝服，喝着稀饭，从天子到民众，夏、商、周的丧礼都是如此。"

然友回国复命，太子决定行三年的丧礼，滕之父老官吏坚决反对，他们说，三年的丧礼，我们的宗国鲁国的历代君主未实行过，我们的历代祖先也未实行过，到你这一代改变了祖宗的做法，这是不应该的。且《志》曰："丧祭从先祖。"我们正是从这一传统继承下来的。

太子不能决，便对然友说："我过去没有好好做过学问，喜欢跑马舞剑，而今操办丧事，亲属和官员们却不满意，恐怕不能尽心尽力地办好丧事，你替我再去问一下孟子。"

于是然友又到邹国来请教孟子。

孟子说："是啊！这事是不能求于别人的。孔子说：'国君死了，太子将所有的政务都交给首相办理；自己喝着稀饭，脸上深黑色，站在孝子的位置上痛哭，官员们没有敢于不悲哀的，就是因为太子亲自带头这样做。'上级有什么爱好，下级必然比上级更加爱好。君子的德行好比是风；小人的德行，好比草。风往哪一边吹，草就跟随着往哪边倒。办理丧葬的事情，完全取决于太子抱什么态度。"

然友再次向太子汇报了孟子的话。

滕文公说："是啊！这事确实在于我要怎样办。"

于是滕文公居住在用土砖砌成的草棚，即丧庐之中五个月，没有下达过任何命令和禁令。这样一来，官员们、亲族们都表示赞成，说滕文公很懂得丧礼。到了举行葬礼的时候，四面八方的人都来观看，滕文公面容很凄惨，哭泣得很悲痛，使得来吊丧的人都表示满意。

由邹至鲁

　　乐正克（即乐正子）仕于鲁，公元前322年鲁平公即位，欲使其治理国政，孟子听到这一喜讯，兴奋激动得夜不能寐。

　　许多弟子对老师的兴奋与激动不理解，公孙丑就曾经问孟子："乐正克很坚强吗？"

　　孟子摇摇头。

　　公孙丑又问："乐正克聪明而有主意吗？"

　　孟子再次摇摇头。

　　公孙丑继续问："乐正克见多识广吗？"

　　孟子依然是摇头不语。

　　公孙丑莫名其妙了，提高了声调问："那么你为什么听说鲁君用他治理国政，就高兴得睡不着觉呢？"

　　回答说："他很喜欢采纳好的意见。"

　　"喜欢采纳好的意见，就足以治理国政吗？"

　　回答说："喜欢采纳好的意见，用它来治理天下都足足有余，何况是仅仅治理鲁国呢？假若是喜欢采纳好的意见，那么四面八方的人都会不顾千里遥远的路程，来将好的意见来告诉他；假若不喜欢好的意见，人家就会学着他说话的样说：'啊啊！我早就知道了！'这种声音和模样，早就拒人于千里之外了。有知识的人被拒绝于千里之外，那些善于阿谀奉承的人就来了。和善于阿谀奉承的人居住在一起，国家要想治理好，哪能办到呢？"

　　浩生不害也来问孟子，乐正克是个怎样的人，孟子告诉他，乐正克是个"好"人，是个"实"在的人。并进而解释说，哪些人值得叫作"好"？哪些好处实际存在于他本身叫作"实"；哪些好处充满着他本身叫作"美"；不但充满，而且光辉地表现出来叫作"大"；既光辉地表现出来了，又能融会贯通叫作"圣"；圣德达至神妙莫测的境界叫作"神"。乐正克在好、实的基础上，还需向着美、大、圣、神的层次和境界努力奋斗。

孟子的这个见解，后来也曾亲自向乐正克表述过，这是老师对弟子的殷切希望。

孟子以为在鲁平公身旁有乐正克为内应，会见鲁平公，在鲁推行他的"仁政"主张，一定不成问题。但是，事实与孟子的想像正相反。他到鲁国的都城曲阜之后，连见鲁平公一面都没有办到。《孟子·梁惠王下》记载：

孟子的仁政学说，孟子的贤德，早已如雷贯耳，又有乐正克在身边朝夕灌输，鲁平公对孟子已经是朝思暮盼了，忽听孟子来鲁，急忙沐浴更衣，欲前往拜访。

鲁平公将要出门，身边所宠幸的小臣臧仓请示说："平时国君出门，都必定告诉管事的人去什么地方，而今车马都准备好了，管事的人却不知道上哪儿去，因此特来请示。"

鲁平公说："我将要去会见孟子。"

臧仓说："为什么呢？国君怎么能够有失身份去拜访一般人呢？你认为孟子贤德吗？贤德的人办事应该符合礼仪，而孟子办他母亲的丧事比从前办他父亲的丧事还要隆重。这样的人未必贤德吧。因此你不要去会见他了。"

鲁平公说："好吧。"

乐正克去见鲁平公，说："国君为什么不去会见孟子呢？"

鲁平公说："有人告诉我说：'孟子办他母亲丧事比从前办他父亲的丧事还过于隆重。'因此我不去拜访他了。"

乐正克说："为什么呢？国君所说的过于隆重是指什么呢？是指的从前以士的身份，办父亲的丧事，而后以大夫的身份，办母亲丧事吗？从前办父亲的丧事摆设供品用三个鼎，然而后办母亲的丧事摆设供品用五个鼎吗？"

鲁平公说："不，我指的是棺椁和衣衾的好坏。"

乐正克说："这就不是所说的过于隆重了，而是前后家境贫富不同罢了。"

乐正克去见孟子，说："我本来已经和国君说好了要来见你的。但是，一个国君宠幸的小臣臧仓阻止了他，因此他就没有来。"

孟子说："一个人办任何事情，都有一种力量在指使他；能办成功，是这样，不能办成功，也是这样。能不能办成功，不是只凭人力所能办到的。我不能和鲁平公相见，这是由于天命啊！臧仓这小子怎么能使我和鲁平公不相见呢？"

孟子在鲁停留期间，鲁国打算任用慎滑厘为将攻伐齐国。慎滑厘是个善于用兵打仗的人。孟子曾和慎滑厘辩论，反对这场战争。

《孟子·告子下》记载：

鲁国打算任用慎滑厘为将军。孟子说："不教育民众就用他们去作战，这就叫做坑害民众。坑害民众的人，在尧舜的时代，是不能兼容的。就算你能一打仗就战胜齐国，占领南阳，即便如此，也是不行的。"

慎滑厘突然不高兴地说："这就是我所不明了的了。"

孟子说："我明白地告诉你。天子的土地有方圆一千里；若是不足方圆一千里，就不够接待诸侯。诸侯的土地有方圆一百里；若是不足方圆一百里，就不够用来奉守宗庙里的重要文献书籍。周公被封在鲁国，其土地该是方圆一百里；土地并不是不够，但实际上要少于一百里。姜太公被封在齐国，也是该方圆一百里的；土地并不是不够，但实际上要少于一百里。而今鲁国有方圆一百里的五倍，你以为有圣王兴起，鲁国的土地该在减少之列，还是在增加之列呢？不用武力、白白地拿那国的土地给予这国，有仁德的人尚且不干，何况使用武力杀人的办法来求得呢？君子侍奉国君，只需要引导国君走正大光明的路，并且有志于仁罢了。"

孟子说："而今侍奉国君的人都说：'我能够为国君开拓疆土，充实粮仓钱库。'这在而今可以称得上好的臣下，但在古代，这就叫做贼害民众的人。国君不趋向于道德，其志向也不在于仁义。在此情况下，设法使他富裕，这是富裕了夏桀那样的暴君。有人说：'我能够为国君邀约同盟的国家，每次打仗都能取得胜利。'这在而今可以称得上好的臣下，但在古代，这就叫做贼害民众的人。国君不趋向于道德，其志向也不在于仁义。在此情况下，为他去勉强作战，这是帮助夏桀那样的暴君。顺着如今的道路走下去，不改变现在的风俗习气，即使把天下都交给他去治理，他也是一天都坐不稳的。"

既然鲁平公不肯见孟子，孟子自然不会在鲁久留，因此，孟子便又回到了邹国。

离邹至齐

　　孟子由鲁归邹后，考虑到滕文公在宋时两次来拜见他。滕定公死后，滕文公两次派人来问丧礼，并且都按照孟子的话认真地实行了，因此孟子认为滕文公很贤德。虽然滕只是个小国，但是只要真正实行"仁政"，再推而广之，也是能够达到他的目的的。于是他在周显王四十七年（公元前322年）的十月之前到了滕国。

　　公元前322年的十月之前，孟子带着一群弟子到了滕国。离齐以后，几经转折，孟子师徒的阵容和气势犹如经霜之衰草，飘零之落叶，哀鸣之雁群，与在齐为客卿，归鲁葬母时有天地之差，霄壤之别。虽然滕文公对孟子十分敬重，将他们师徒安排于被称为"上宫"的滕之最高级的馆舍下榻，馆舍的工作人员却对他们鄙夷不屑。他们到的当天下午，有一只尚未织成的草鞋放在窗台上不见了，馆舍的工作人员竟怀疑是孟子的弟子偷去了，便来询问查找。孟子很不高兴，反问道："汝以为他们是为窃鞋而来的吗？"

　　那人说："大概不是吧。"

　　孟子说："我分设科目进行教授，对学生采取去的不追问、来的不拒绝的态度。假如他是诚心诚意来求学的，我就接受他罢了。"

　　滕文公对孟子恭敬礼待，不时地赴上宫请安，问候，共论天下时势与尧舜之道。孟子与滕文公有许多对话，讨论政治、经济、军事等方面的问题。《孟子·梁惠王下》记载：

　　滕文公问道："滕是个小国，处于齐、楚两个大国之间，该服事齐国呢？还是该服事楚国？"

　　孟子回答说："要解决这个问题，不是我能力所能办到的。你非要我讲不行，那么，我可以讲一种办法：把护城河挖得深深的，把城墙筑得很牢固，和民众一起坚守它，民众宁愿牺牲自己也不会离开，那就可以有所作为了。"

　　薛本为周初的一个小国，姓任，春秋初期还独立存在，后来为齐所灭。齐灭薛后，威王以之封田婴，薛旁有一郭地，田婴因此号为靖郭君。薛与滕比邻，田婴欲在薛建筑城池，加强薛城的军事设施，这对滕将是很大的威胁，滕文公心中不安，请教孟子该如何对待。

滕文公问："滕是个小国，尽力服事大国，但是，仍然难免于被侵犯或遭到灾祸。该怎么办才对呢？"

孟子回答说，古时候太王居于邠地，狄人来侵犯他。太王用皮裘和丝绸去贿赂他，可是毫无用处，狄人照样侵犯；又用狄人所酷爱的好狗名马去讨好他，仍没有收到任何效果；最后又用珠玉珍宝去孝敬他，仍免不了狄人的侵犯。在这种情况下，太王实在是没有办法了，只好迁都别作他图。临行之前，太王召集邠地的父老乡亲们，向他们宣布说，狄人所要的是我们的土地，土地乃养人之物，有道君子不能以养人之物来害民。如今狄人来侵略我们，我曾为了百姓的安居乐业而忍辱负重，多次送给他们财物，好言相慰，谄媚讨好，但他们的侵略终未停止。因为他们的主要目标是我们这块土地，得不到这块土地，将永远不会罢休。本来我欲以这块土地让百姓过安定幸福的生活，结果却因此而使生灵涂炭，妻离子散，这都是我一个人的罪过，像我这样的人，遍地皆是，大家不必因无领袖而苦恼。为了使父老免遭战争之苦，我决定离开这里，望大家多自保重！

太王带领眷属离去了，翻山越岭，跋山涉水来到岐山下边，重筑一座城邑定居下来。邠地百姓纷纷议论，都说太王是一位有仁德的难得的好领袖，我们不能离开他，于是追随者像潮水一般涌来，大家来到岐山下重新开辟新的天地，巩固了太王的基业。

孟子说，还有人持另一种观点，认为凡是世代相传下来的土地，即所谓"世居之地"，应该好好地守着，不可在你们这一代手里丧失祖宗的基业。那么，你就宁可战死，宁愿亡国，也不得轻易放弃，只有死守了。

最后孟子说："上述两条道路，请君任择一条。"

孟子对滕文公谈如何治理国家，主要谈了以下几个方面：

第一，关心人民是为君者头等重要的任务。《诗经》上说："白天割取茅草，晚上绞成绳索，赶紧修缮房屋，到时播种五谷。"这就是说，为君者要关心百姓的生产劳动、衣食住行、温饱疾苦，做民之父母。

第二，要制民之产，使人民有固定的产业。孟子说："关心民众是最迫切的事。

民众有一个基本的原则：有固定产业的人才会有固定的道德观念与行为规范。没有固定产业的人就不会有固定的道德观念与行为规范。假如没有固定的道德观念与行为规范，就会违法乱纪，无恶不作，等他犯了罪，然后又施加刑罚，这是陷害民众。哪里有仁德的人在君位上而做出陷害民众的事呢？因此贤德的国君必然是谦恭、节俭、礼貌待人，而且征收赋税要有一定的制度。"

第三，孟子谈古代的赋税制度，以供滕文公参考。孟子是主张实行"助"法的。他说："夏代实行每家种田五十亩，以五亩的收入上贡国家的'贡'法，商代实行每家种七十亩，以七亩的收入上交国家的'助'法，周代实行每家种一百亩，以十亩的收入上交国家的'彻'法，三种赋税制度，形式虽然不同，其实都是十分抽一的税制。'彻'就是'通'的意思，即在不同情况下进行计算，但仍然是贯彻十分抽一的税率；'助'是借助的意思，是借助民众的劳动力以耕种公田。古代的贤人龙子（有人认为即是《列子·仲尼篇》上所说的龙叔）说：'赋税制度中最好的是助法，最不好的是贡法。贡法是按照若干年收入的总和除以若干年而得出一个常数，来收取赋税，因此，丰收之年粮食收获多，谷物到处都是，就是多收一点税，也不算多，但是并不多取；灾荒之年粮食收获还不够明年的播种和施肥的费用，但是仍然必须收足那个常数的税。'一国之君等于是民众的父母，却使民众终年辛勤劳动还不能够养活爹娘，还逼着民众去借贷来交纳够一年的赋税，迫使一家老小抛尸露骨于荒郊野谷之中，这怎么还说得上是民众的父母呢？至于世袭的贵族官员，都有一定的田租收入，这种制度，在滕国早已实行了。而民众为什么就没有一定的田地收入呢？周代的《诗·大田篇》说：'老天爷下雨啊，先下在公田里，然后再落在我的田中。'从这首诗看来，就是周代也是实行助法的。"

第四，兴办学校，发展教育。人民的生活有着落了，便要兴办"庠""序""学""校"来教育他们。"庠"是教养的意思，"校"是教导的意思，"序"是陈列的意思，陈列实物，以便用实物进行教育。地方学校夏代叫"校"，商代叫"序"，周代叫"庠"；至于大学，三代都叫"学"。目的都是阐明并教导人民懂得人与人间的各种必然关系以及相关的各种行为准则。人与人的关系以及行为准则，诸侯卿大夫士都明白了，百姓自然会亲密地团结在一起。就是有圣王兴起，也会来学习和仿效的，这样就可以成为圣王的老师了。

　　孟子还引用《诗·文王篇》歌颂周文王的诗句"周虽然是个古老的国家，而国运却充满了新的气象！"来鼓励滕文公，希望他努力实行仁政，使国家万象更新！

　　滕文公听了孟子论述的"仁政"的三方面主要内容之后决定在滕国推行。但是对实行"仁政"的最基本的井田制度还搞不清楚，于是又特地派大臣毕战向孟子请问井田制的详细情况。

　　孟子回答说："你的国君将要实行仁政，特地选派你来问这个重要问题，你一定要好好努力干啊！实行仁政，必须从划分井田的边界开始。井田的边界要是划分不准确，井田的大小不平均，按井田来征收赋税以作为俸禄的多少，就会不合理，所以暴虐的国君和贪官污吏必然破坏井田的边界。井田的边界既然划分准确了，要制定出一套办法来就十分容易了，分给每户人家田地和官吏从井田的赋税中该得多少俸禄也比较清楚了。

　　"滕国土地狭小，虽然如此，但既有官吏，又有民众，是具有实行"仁政"条件的。要是没有官吏，就不能管理民众，要是没有民众，就没有人供养官吏。

　　"我希望在郊野实行九分抽一的'助'法，在城内实行十分抽一的赋税。卿大夫以下到士都有供祭祀的圭田，每家五十亩。除每户有一个劳动力分给田百亩之外，如果还有剩余劳动力，就再分给田五十亩。不管死后埋葬，还是因休耕而迁居，都不出乡界。同在一乡共一井田的各家，早出晚归，相互友爱，维持治安，彼此帮助，若有疾病，互相照顾，这样民众之间就亲爱和睦了。

　　"井田制的具体办法是：方圆一里，九百亩田地，为一井，中间的一百亩是公田（其中二十亩为住宅园圃，每家两亩半，公田实为八十亩），其余八家每家一百亩作为私田，八家共同耕种公田，先把公田耕种好之后再去干私田的活，这就是劳动者与官吏的区别。

　　"以上就是井田制的大概情况，至于如何去修改完善它，这就有待于国君和你了。"

　　孟子比较集中地讲了仁政的具体内容，特别是井田制。这是我们研究孟子政治思想的主要材料。

　　滕文公欲用孟子行仁政，许多游士集团闻讯来滕，他们来的目的各不相同，有的信赖崇拜仁政学说，欲来助孟子一臂之力；有的将信将疑，特来观望动静，胜利了他们高兴，失败了他们也不伤心；有持敌意而来者，目的在于搞垮弄黄，哪怕是打不着鱼，也要将水搅混。

一天，滕都来了一行师徒十几个人，他们吃的是藜藿之羹，穿的是短褐之衣，脚上穿的是麻或木做的鞋，和当时一般手工业工人、农民的打扮差不多。这是农学家许行和他的弟子们。许行谒见了滕文公，说道："我是个来自远方的人，听说国君实行仁政，愿意得到一处住房，成为你的一个老百姓。"

滕文公给了许行师徒一处住所，他们师徒以打草鞋织席子为生。

许行，楚国人，大约生活在周安王十二年（公元前390年）之前，与孟子是同时代人。他的事迹和主张，见于《孟子·滕文公上》，他依托远古神农氏之言来宣传他的主张，是战国时代农家的代表人物。

此后不久，又有陈相、陈辛兄弟二人背着农具从宋国来到滕国，谒见了滕文公，说道："听说国君实行圣人的仁政，这就称得上圣人了，我愿意成为归顺于圣人的老百姓。"

陈相在滕，拜见了许行，许行向他灌输农学家"君与民并耕而食，饔飧而治"（国君要和人民一道耕种同食，而且要替百姓办事）的思想主张，二人谈得很投机，陈相很快被许行征服了，完全抛弃了以前的学说，而向许行学习。

陈相见到孟子，告诉孟子他从许行那儿听到的话："滕的国君诚然是贤德的君主，但是，还没有听说过真正的道理。贤德的君主应该与民众一块儿耕种，然后吃饭，自己做饭吃而且治理国家。而今滕国有不少粮食仓库和装钱财的府库，这就是损害民众而奉养自己，哪儿还说得上贤德呢？"

孟子说："许行必定亲自种植粟子然后才吃饭吗？"

回答说："是的。"

"许行必定亲自织布然后才穿衣服吗？"

回答说："许行穿粗麻织的衣服。"

"许行戴帽子吗？"

回答说："戴帽子的。"

孟子说："戴什么帽子？"

回答说："白颜色的帽子。"

孟子说："是自己织的吗?"

回答说："不是,用粟交换的。"

孟子说："许行为什么不自己织呢?"

回答说："因为自己织就妨碍耕种庄稼。"

孟子说："许行用锅和甑做饭,用铁农具耕种庄稼吗?"

回答说："是的。"

"这些东西是自己制造的吗?"

回答说："不是,用粟米交换的。"

孟子说："用粟米来交换锅甑和农具的人,并不损害制造陶器和铁器的人;制造陶器和铁器的人,也用锅甑、农具来交换粟米,难道这样交换损害了农夫吗?而且许行怎么不自己制造陶器铁器,而什么东西都储备在家中随时取用呢?为什么这些东西都用粟米与工匠交换呢?许行为什么这么不怕麻烦?"

回答说："各种工匠所做这么多的事,当然不可能同时又去耕种庄稼。"

孟子见时机已到,顺势一枪,直中其要害,说："那么治理天下难道就可以同时又耕种庄稼吗?有'大人之事'即负责治理天下,进行教化的;有'小人之事'即从事于农、工、商的。而且一个人是需要各种各样的生活必需品的。如果每一样东西都必须自己亲自制造,这样干就是率领天下的人疲于奔命。所以说:有的人从事脑力劳动,有的人从事体力劳动。从事脑力劳动的如国君,治理民众,从事体力劳动的民众,被国君所治理。被治理的民众养活别人,治理民众的人被民众所养活。这是天下通行的原则。

"当尧的时候,天下还没有平定,洪水泛滥成灾,野草树木生长旺盛,粮食作物却没有收成,飞禽走兽危害民众,它们的足迹遍于中国。尧独自为此忧虑,推举舜来进行治理。舜任用益为火正之官,掌管火,将山野沼泽用火焚烧,禽兽纷纷逃跑躲藏。禹又疏通九河,使济水、漯水流入大海,挖掘汝水和汉水,治理淮水和泗水,引导它们流入长江,这样中国才能够有条件进行耕种,于是才有吃的。那个时候,禹在外治水八年,三次路过自己的家门也没有进去,他这样忙碌,虽然想去耕种田地,难道可能办到吗?

"后稷教民众种庄稼,栽种稻、黍、稷、麦、菽等五谷杂粮,成熟后,民众就能得到养育了。人之所以为人是因为有做人的道德。吃饱饭，穿上暖和的衣服，成天呆着没事干，又不进行教育，就与禽兽差不多了。圣人又对此很忧虑，于是任用契为司徒之官，教育民众，使其懂得人与人之间相处的道德规范和行为准则：父子之间有骨肉般的亲密，君臣之间有礼义作为标准，夫妻之间互相恩爱而又有男女的差别，兄弟之间有尊卑次序，朋友之间有相互信任。尧说：'督促他们，纠正他们，帮助他们，使他们各得其所，然后又提醒他们警觉，并加以教育。'圣人为民众考虑如此周到，哪里还有进行耕种的时间呢？

"尧以不能得到舜作为自己的忧虑，舜以不能得到禹、皋陶作为自己的忧虑。而以耕种一百亩田地并不容易为自己忧虑的是农民。分给别人钱财叫做恩惠，教别人做好事叫做忠，使天下得到出色的人才叫做仁。所以说，把天下让给别人是容易的，而使天下得到出色的人才却很困难。孔子说：'尧作为天子，很伟大啊，只有天最为伟大，也只有尧才能取法于天。尧的圣德广大得无边无际，使民众不知用什么言辞来称赞它才好！舜也是伟大的天子啊！他得到了天子的地位，却并不享受它。'尧、舜这样治理天下，难道不用心思吗？只不过没有用于耕种庄稼罢了。

"我听说只有用华夏的礼仪教化来改变边远的少数民族，没听说过用边远的少数民族的风俗习惯来改变华夏的。陈良原是楚国人，喜爱周公、孔子的学说，从南往北来到中国进行学习，北方的学者，没有能超过他的，他可以称得上是豪杰之士了。你们兄弟作他的弟子已经几十年了，老师死了，你们竟然背叛他！过去孔子死了，弟子们都守丧三年，三年以后各自收拾行李准备回家，向子贡告别，相对而哭，大家都痛哭失声然后才回去。而子贡却回来，在墓旁重新修了一间小屋，一个人在那里又居住了三年，然后回家。过了一些时间，子夏、子张、子游，以为有若面貌与孔子相像，想用尊敬孔子的礼节来尊敬他，而且还勉强曾参也这样做。曾参说：'不行。孔子的志向犹如用江、汉之水洗濯过，在夏天的太阳下曝晒过，没有比他再洁白的了。'而今许行这南方的蛮夷之人，说话怪腔怪调，却来反对先王之道。你背叛你的老师而向他学习，与曾子相比差别太大了。我听说，那鸟只有飞出深暗的山谷而迁往高大的乔木，没听说过离开高大的乔木，迁往深暗的山谷去的。《诗·鲁颂·閟宫篇》说：'戎狄是该攻击，荆、舒是该惩罚。'像楚国这样的国家，周公都要攻击它，你却向许行学习，这真是越学越变坏啊！"

陈相说："按照许行的学说办事，则集市上同一种货物没有两种价钱，国内没有虚假，即使让小孩到集上买东西也没有人欺骗他。布匹、丝织品长短相同价钱就一样；麻绵、丝绵轻重相同，值钱就一样；粮食的多少相同，价钱就一样；鞋的大小相同，价钱就一样。"

孟子说："世上各种东西的质量不相同，这是万物的本性。或者相差一倍五倍，或者相差十倍百倍，或者相差千万倍。你却把它们同等看待，这就会造成天下大乱。质量差的与质量好的鞋同一样价钱，做质量好的鞋的人，难道愿意干吗？按照许行的学说办事，是率领大家去干弄虚作假的勾当，哪里能治理好国家呢？"

在战国初、中期，杨朱、墨翟及他们的学派，势力相当大，形成了儒、墨、杨三家鼎立的局面。墨翟作过工匠，被人称为"贱人"。但墨家是一个有严密组织的团体，也是一个科学家的集团。他们在数学、物理、医学、逻辑学等方面都有杰出的贡献。杨朱善于辩论，他主张"为我"，但是又反对"侵物"，即主张不损害别人。在春秋战国之交，以鲁国为中心，出现了儒、墨显学之争，两家的势力大体上看还能平分秋色，不相上下，到战国中期孟子之时，杨朱学派如异军突起，打破了儒、墨显学的对峙局面，而成为鼎脚三分之势，而杨墨两家的矛头都指向儒家。儒家的势力露出了衰颓之势，因此孟子大为叹息。他大声疾呼，要人们起来反对杨朱、墨翟的学说。

一天，公都子问孟子说："人家都说先生爱好辩论，请问这是为什么呢？"

孟子说："我难道爱好辩论吗？我是不能不辩论啊。人类社会的产生已经很久了，总是一个时期太平，一个时期混乱。当尧的时代大水横流，在中国到处泛滥，蛇龙出入于这块土地上，而民众没有安身之处，原来在低下地方的人，在树上筑巢居住，在高原上的人便挖洞穴居住。《尚书》说：'洚水警戒我们。'这里说的洚水，就是洪水。尧派大禹治水，大禹挖地为渠，使洪水流往大海，驱赶蛇龙到有水草的大泽之中；水从河床中流走，这就是长江、淮河、黄河、汉水。危险阻隔既然没有了，害人的鸟兽也消失了，然后人们才能够在平原上居住。

"尧、舜死后，圣人之道衰落了，残暴的君主一代一代出现，破坏房屋来作为深池，使民众没有安身之地；破坏农田来作为园林，使民众吃不饱穿不暖；荒谬的学说，残暴的行为又逐渐兴起，园林深池、草泽多了，飞禽走兽也就来了。到商纣的时候，天下又大乱。周公帮助周武王诛杀了商纣并征伐奄国，三年后又杀了奄国的国君，把商纣的大臣飞廉驱赶到海边，并将他杀戮，共灭了五十个国家，把虎、豹、犀牛、大象驱赶到很远的地方，天下民众都很高兴。《尚书》说：'周文王行王道大显光明，周武王继承王道启发后人功烈伟大，使大家都行正道而没有缺点。'

"后来，太平之世衰落，王道微弱，荒谬的学说、残暴的行为又起来了，有臣下杀死国君的，有儿子杀死父亲的，孔子为此恐惧，于是写作史书《春秋》。写历史著作，对人有表扬、有贬谪，本是天子的职责，所以孔子说：'知道我的是因为我著了《春秋》，指责我的也是因为我著了《春秋》。'

"春秋战国时期明君圣主不出现，各诸侯肆无忌惮，为所欲为。不在朝的士人随意评议朝政，杨朱、墨翟的学说充满天下，甚至形成这样的局面：在各种主张中要不是杨朱学派的，就是墨翟学派的。杨氏的主要学说是'为我'，只重视自我，这种学说是无君论，目无君主。墨家的主要学说是'兼爱'，爱天下一切人，而没有亲疏厚薄之分，这种学说是目无父母。一个人如果心中既无君主，又无父母，那就和禽兽一样了。鲁国贤人公明仪说：'厨房里有肥美的肉，牲口棚里有强壮的马，而民众面有饥饿的颜色，荒沟野岭有饿死者的尸体，这是率领野兽而吃人。'杨朱、墨翟的学说要是不停息，孔子的学说就不会发扬光大，这会造成异端邪说蛊惑民心，而使仁义的道路被阻塞。仁义的道路被阻塞了，将导致率领野兽来吃人和人吃人的严重后果。所以我感到恐惧，要出来捍卫圣人的学说，尽力反对杨朱、墨翟的学说，驳斥那些荒谬的议论，使主张这种学说的人站不住脚。那些荒谬的学说，从心里产生出来，就会危害于事业；危害于事业，就会危害于政治。如果圣人再出来，也会赞同我这番话的。

"过去大禹治洪水而天下太平；周公兼并了夷、狄等少数民族地区，驱赶猛兽入森林，而使民众得到安宁；孔子著成《春秋》，而叛乱的臣下和不孝的儿子就有所畏惧。《诗·鲁颂·閟宫篇》说：'戎狄是该攻击，荆、舒是该惩罚。这样就没有人敢来抗拒我了。'像杨朱、墨翟这样目无父母、目无君主的人，是周公所要惩罚的。我也要端正人心，消灭荒谬的学说，反对偏激的行为，驳斥荒唐的言论，以继承大禹、周公和孔子三位圣人的事业，难道是爱好辩论吗？我是不能不进行辩论啊！能够以言论来反对杨朱、墨翟的人，也可以说是圣人的门徒了。"

孟子在滕国回答了弟子公都子上述的问题，而对弟子滕更所提出的问题却不予回答，因此公都子产生了疑问。原来滕更是滕文公的弟弟，当时也投在孟子门下求学，因为他是滕贵族，而没有恭敬地执弟子之礼，孟子便不回答他的提问。《孟子·尽心上》记载：

公都子说："滕更在你门下，向你提出问题，按礼是应该回答的。而你却不回答，这是为什么呢？"

孟子说："倚仗自己的贵族的身份来提问，倚仗自己有贤才来提问，倚仗自己年纪大来提问，倚仗自己曾经有过功劳来提问，倚仗自己与老师有交情来提问，这五种情况都不该回答。滕更占了这五种中的两种，所以我不回答他。"

孟子在滕国住了三年。滕文公对他很尊敬，他也试图在滕国推行其"仁政"主张。但是，滕毕竟还是一个小国，在战国七雄中没有地位，其影响很小。他的"仁政"主张还是难以实现。这时，梁惠王因被齐国打败，很想重整旗鼓，恢复过去的霸主地位，因此谦恭礼贤，并以优厚的待遇招徕人才。于是孟子在周慎靓王元年（公元前 320 年）离开了滕国，来到梁国的都城大梁（今开封）。

虽说孟子的仁政主张再次失败，但滕文公待孟子毕竟不同于其他国君，所以当三年后离滕时，孟子师徒的声势、气派和阵容已经大为改观，正所谓"后车数十乘，从者数百人"，浩浩荡荡，耀眼生辉，令人目眩。

诤谏魏王

魏、赵、韩三国祖先魏桓子、赵襄子、韩康子原为晋国重臣，三人联合叛晋，分其地而据以称强。魏文侯为战国名君，系孔子名弟子子夏的学生，接受孔子仁学的熏陶。魏文侯还受教于田子方与当时有名的高士段干木结为挚友。在政治上，他起用了名臣西门豹，主管河内（今河北及陕西、山西部分地区），成为内政修明的典范之治，魏国也成为战国初期的一个文明强国。

魏文侯死后，其子魏武侯继位，在文化成就上，魏武侯比不上他的父亲，武功却远在其父之上。他起用名将吴起，与韩、赵共灭其宗主国晋，三分其地。

梁惠王远不如他的父辈与祖辈，所处的时代也更复杂更困难了，起初，魏国也曾有过赫赫战功，打败过韩、赵、宋，威胁鲁、卫、宋、郑等国来朝，与之建交，并曾一度和秦孝公在外交上建立短暂的和平。但齐国的势力逐渐强大，两次大败魏将庞涓，最后庞涓自杀，太子申被处死，魏国的实力受到严重损失。梁惠王改元后五年（公元前 330 年），原来由吴起开拓的西部疆土西河，被迫献于秦。梁惠王改元后十一年（公元前 324 年）楚怀王任用柱国昭阳为将，攻打魏国，在襄陵（今河南睢阳县西）大破魏军，夺得八座城。此时魏国的国力与魏文侯时相比较，已经大不如以前了。因此梁惠王打算学习魏文侯尊贤礼士的榜样，卑礼厚币以招贤者，旨在振兴魏国，称霸诸侯。因此淳于髡、孟子等纷纷来到魏国都城大梁。孟子由滕到大梁时已经七十岁了。

孟子风尘仆仆来到大梁之后，马上就求见梁惠王。孟子是在魏国的朝廷之上拜见梁惠王的，当时梁惠王正在与几个近臣议事，看那场面、气氛及各自的神态，并非在商讨什么举足轻重的国家大事，不过在闲聊罢了。梁惠王见了孟子，上身微欠，算做以礼相待，既不问好，也不让座，张口便问："老先生，你千里迢迢，不辞劳苦，来到大梁，将对我的国家有什么利益呢？"

孟子循循善诱地说道："安邦治国之道，仁义而已，大王何必张口言利谋霸呢？国王说：'怎样才对我的国家有利益呢？'大夫说：'怎样才对我的封地有利益呢？'士与民众也说：'怎样才对我个人有利益呢？'这样，一个国家上上下下的人互相争夺利益，国家就很危险了。有一万辆兵车的天子之国，杀害天子的人，必然是有一千辆兵车的诸侯。有一千辆兵车的诸侯国，杀害国君的人，必然是有一百辆兵车的大夫。诸侯在天子的一万辆兵车中取得一千辆，大夫在诸侯的一千辆兵车中取得了一百辆，都有一定制度，还能算很多的。但是，如果按照首先讲求利益，然后才考虑是否符合道义，就会产生诸侯不把天子的一万辆兵车夺取到手，大夫不把诸侯的一千辆兵车夺取到手，就不满足的后果。因此，应该讲求仁义。没有仁德的人能抛弃他的亲属，也没有讲道义的人不尊敬他的国君的。君王只说仁、义就罢了，为什么要讲利益呢?"

孟子在告诉梁惠王，纵使欲富国强兵，也还是在图小利，只有着手于仁义，才是真正的大利，只是人们都急功近利，而不顾长远的巨利。

孟子清楚地看到，古往今来的文化体系，无不言利。人类的文化思想包含了政治、经济、军事、教育、艺术……可是有哪一种能离开利呢? 如不求利，又何必去学，去做呢? 做学问也是为了求利，读书识字，不外乎为了获得生活上的方便或者自求适意。即使出家学道，也还是在求利。仁义也是利，道德也是利，这是广义的、长远的利，不是狭隘的金钱财富之利，也不是权力之利。然而孟子更清楚地看到，所有的混乱、争执、罪恶和痛苦，其实都是源于人类毫无止境的好利之心。唯有把好利之心转化掉，恢复人类本性中原有的仁义之心，使人们再度有了澄澈清明的心灵，这个世界才能恢复和谐的秩序。在孟子的思想里，真正值得关心的是生存权利的保障，是安居乐业的追求，是道德水平的提高，是义利之辨。

有一次，孟子与梁惠王在魏国的大苑囿中游览，孟子便趁机向梁惠王建议要与民众共同欢乐。《孟子·梁惠王上》记载:

梁惠王站在一个大沼池的岸边仰望那树梢上栖息飞翔的鸿鸟、野雁，俯视草地上安详吃草的小鹿，别有一番情趣，心中感到格外舒畅和快乐。他一边观赏园中美景，一边问孟子:"贤德的人也享受这样的快乐吗?"

孟子回答说:"贤德的人才能享受这样的快乐，没有贤德的人虽然有这样的苑囿，也不能享受其快乐。《诗·大雅·灵台篇》说:'开始建灵台，营建又营建，民众努力干，工程提前完。王说不着急，民众更努力。王在灵囿中，母鹿正安逸，母鹿光又肥，鸟儿羽毛洁，王在灵沼上，满池鱼跳跃。'这首诗写周文王用民众的劳力修建高台池沼而民众乐于干这活;将那高台称为灵台，将那沼称为灵沼，以里面有麋鹿、鱼鳖等多种动物为乐。因为古代的贤人与民众一起快乐，所以能够快乐。而像《尚书·汤誓》所说:'太阳啊! 你什么时候才消灭呢? 我们愿意和你同归于尽。'民众都想和他同归于尽了，虽然有楼台池沼，飞鸟走兽，难道还能够独自快乐吗?"

　　孟子和梁惠王已经有两次见面，但是还没有机会谈如何推行他的仁政主张。有一天梁惠王主动问道："我对于治理国家，可以说是尽心竭力了。当河内（黄河北岸，今河南省济源县一带）遇到灾荒，我就把灾民迁移到河东（今山西省安邑县一带），并且把粮食运往河内。当河东遇灾荒，也按照这样的方法办理。考察邻近国家如何治国，也没有像我这样费心为民众着想的。但是邻近国家的民众没有减少，而我的民众也并没有增加。这是为什么呢？"

　　孟子回答说："君王喜好战争，我就用战争来打个比喻。双方对阵，战鼓雷鸣，刀枪交接，这时有人脱下铠甲，拖着兵器，向后逃跑。有的跑了一百步然后停了下来，有的跑了五十步然后停了下来。如果那跑五十步的人，嘲笑跑一百步的人，你认为怎么样？"

　　梁惠王说："不可以。因为都是逃跑，只不过没有跑到一百步罢了。"

　　孟子说："君王如果知道这个道理，就不要希望你的民众多于邻国了。

　　"我认为应该不耽误农夫播种、收获的季节，粮食就会吃不完；细密的渔网不用来在大池沼中捕鱼，以保护鱼苗，鱼鳖也吃不完；用刀斧按时砍伐树木，木材就用不完。粮食与鱼鳖吃不完、木材用不完，这就使民众生养死葬没有遗憾了。生养死葬没有遗憾，就是仁政的开始了。

　　"我再说具体的措施：给农夫五亩住宅、园圃的土地，其中栽种桑树，可以使五十岁的人穿上丝绸的衣服。再喂养鸡、猪、狗等家禽与牲畜，饲料和管理都很恰当和及时，可以使七十岁的老人都能吃到肉。给农夫一百亩田地，不要耽误了耕种、收获的季节，几个人的家庭就可以不受饥饿了。在此基础上，办好学校，进行教育，使民众懂得孝顺父母、尊敬兄长的道理，这样就会使头发花白的老人受到尊敬，不至于让他们肩挑重担，奔走于道路上。七十岁的人能穿丝绸的衣服，而且有肉吃，民众不受饥饿和寒冷的威胁，这样还不称王于天下，是不可能的。而今的情况是，猪狗吃着人的饭食，富裕的人家还不知道节俭；路上饿死的人尸横遍野而不知开仓赈济。人死了，就说：'这不是我造成的，而是因为年成不好。'这样干与用刀枪杀了人之后说：'这人不是我杀死的，而是刀枪杀死的'没有任何区别。因此，君王不要归罪于年成不好，而该责备自己，改变行为，实行仁政。这样，天下的民众都会到你这里来了。"

随着梁惠王与孟子接触得越来越多，梁惠王对孟子的态度也好转很多，在第四次相见时，梁惠王已经变得比较虚心诚恳了。梁惠王主动向孟子请教如何治理国家，说道："寡人愿洗耳恭听你的教诲！"

孟子避开了梁惠王的请教，反问道："用木棍杀人与用刀枪杀人有何不同？"

梁惠王说："没区别。"

孟子接着说："有的用刀与有的用政治来杀人，有区别吗？"

梁惠王说："没有区别。"

孟子说："而今你的厨房里堆满了肥肉，马棚里养着肥壮的马，民众却是面有饥饿的颜色，野外有饿死者的尸体，这就是率领着野兽来吃人啊！野兽吃野兽，人看见了都很厌恶；而作为民众父母的国君，治理国家，却不能免于率领野兽来吃人的局面，怎么说得上是民众的父母呢？孔子说：'最先用木偶来殉葬的人，他该断子绝孙啊！'为什么这样说呢？是因为木偶很像人，而用它来殉葬的缘故。用像人的木偶来殉葬都不行，怎么能够使那民众饥饿而死呢？"

《孟子·梁惠王上》还记载了孟子与梁惠王一段关于战争与政治的关系问题的对话，孟子认为只要对民众实行仁政，就可无敌于天下：

梁惠王对孟子说："魏国是当今天下最强大的国家，老先生是知道的。但是到了我在位的时候，东败于齐，长子战死于疆场；西败于秦，强秦掠我河西之地七百里；南辱于楚，襄陵一战，失城八座。我实在感到羞愧，很希望为死难者报仇雪恨，你认为该怎么办呢？"

孟子回答说："方圆百里的小国，实行仁政，就可以称王于天下。君王如果能够对民众实行仁政，减免刑罚，减轻赋税，让民众精耕细作，早早锄草。年轻力壮的人空闲的时候，学习礼仪，懂得孝顺父母，尊敬兄长，忠于国家，守信于朋友，并用这些道德，在家侍奉父兄，在外尊敬上级。这样即便使用自己制造的木棒也能打败拥有坚固的盔甲和锐利刀枪的秦、楚的军队。

"因为秦、楚常常不顾耕种收获的季节，征兵或大兴土木，造成民众的收获还不够奉养他们的父母。父母挨冻受饿，兄弟妻子失散。秦、楚的国君使民众陷于水深火热之中，君王去征伐他们，有谁敢于和你对抗呢？所以说：'仁德的人无敌于天下。'君王请不要怀疑。"

　　尽管梁惠王多次向孟子请教，但孟子对他并不满意。孟子认为梁惠王不仁，并对其所作所为进行毫不留情的揭露和批评。《孟子·尽心下》记载：

　　孟子说："梁惠王多么不仁啊！仁德的人用他对所喜爱者的恩惠推及于他所不喜爱的人；不仁德的人用他施加给所不喜爱者的祸害，推及于他所喜爱的人。"

　　公孙丑问说："老师所说的是什么意思呢？"

　　孟子回答说："梁惠王为了争夺邻国土地，驱赶着他的民众去作战，被打得大败，民众抛尸于野，骨肉糜烂，无人收拾，他还要再打。恐怕兵力不够，不能取胜，所以驱使他所喜爱的子弟去以死相拼。这就叫做用他施加给所不喜爱者的祸害，推及于他所喜爱的人。"

　　白圭名丹，是梁惠王之心腹重臣。这是一个投机取巧的家伙，他用"人弃我取，人取我与"的办法，遇到熟年，收取谷物，售出丝、漆；遇到荒年，便售出粮食，收进帛、絮，因而成为魏国的巨商大贾，其富赛过惠王。

　　他见梁惠王频频与孟子接触，生怕孟子夺宠，于是变着法欲将孟子挤走。孟子不是主张"薄税敛"，税率"十分抽一"，以减轻百姓负担吗？一天，白圭故意来给孟子出难题，问道："我欲行二十抽一之税率，岂不比先生那'十分抽一'更有利于民吗？"

　　孟子回答说："你这个办法是北方少数民族的貉国的办法。有一万户的国家，只有一个人制造陶器，这样可以吗？"

　　白圭说："不可以，陶器会不够用的。"

　　孟子说："貉国，地处北方，天气寒冷不生长五谷，只生长黍子（有黏性的黄米）；他们过着游牧生活，没有城墙、宫殿、祖庙和祭祀的礼节，没有诸侯国之间互相交往的送礼与宴会的礼仪制度，也没有设置官吏和办理政务的衙门，所以二十分抽一的税率就足够用了。而今在中国，不要君臣父子之间等等伦常观念与相应的礼仪、不设置官吏和办理政务的衙门，这怎么能行呢？做陶器的工匠少了，还可能使国家搞不好，何况没有官吏呢？国家的税收制度，如果比尧舜时代的十分抽一的税率还少，就是大貉国与小貉国的办法；如果比尧舜时代的十分抽一的税率还多，就是暴君大桀与小桀的办法。"

　　《孟子·告子下》又记载了孟子批评白圭治水是以邻为壑。

白圭说:"我治理水患比大禹更高明。"

孟子说:"你错了。大禹治理江水,按照水的本性进行疏导,所以他让水流入四海。而今你却把水排泄到邻国去,使邻国受害。把应该流向四海的水流入邻国,这就是水逆流,水逆流即是洚水,也就是洪水。对此,仁德的人是很厌恶的。你错了啊!"

魏国有一位名叫景春的纵横家,对公孙衍和张仪这两个出名的外交政客十分崇拜。有一天,景春问孟子说:"公孙衍、张仪,难道不是真正的大丈夫吗?一发起脾气来诸侯都很恐惧,安静下来,天下没有战争也就太平无事了。"

孟子说:"这样的人怎么算得上大丈夫呢?你没有学过礼吗?二十岁的成年男子举行加冠礼的时候,父亲嘱咐他;姑娘出嫁的时候,母亲嘱咐她,送她到门口,告诫她说:'到了你家,必须要恭敬,必须要警惕,不要违背你的丈夫!'用顺从作为处世原则的,这是卑贱的女人之道。而男子汉应该居住在天下最广大的住宅,即仁里,站立于天下最正确的位置,即礼上,走在天下最宽广平坦的大路,即义上,如果得意,就同民众一起顺着大路前进;如果不得意,就独自按原则办事。富贵不能淫乱我的心,贫贱不能改变我的志向,威武不能使我屈服,有此种品德的人,才叫做大丈夫。"(景春曰:"公孙衍、张仪,岂不诚大丈夫哉!一怒而诸侯惧,安居而天下熄。"孟子曰:"是焉得为大丈夫乎!子未学礼乎?丈夫之冠也,父命之;女子之嫁也,母命之。往送之门,戒之曰:'往之女家,必敬必戒,无违夫子。'以顺为正者,妾妇之道也。居天下之广居,立天下之正位,行天下之大道;得志,与民由之,不得志,独行其道;富贵不能淫,贫贱不能移,威武不能屈;此之谓大丈夫。")

不久,梁惠王去世,孟子实施仁政的想法又未能得到实现,于是他带领弟子离开了魏国。

再度适齐

这时齐宣王刚即位不久,很想有一番作为,因此执政后办的第一件事便是振兴稷下学宫——将稷下学宫整修一新，公开礼聘天下学者贤士及当时著名的思想家，为他们安排最好的生活条件，让他们能够自由而愉快地在那里思考、研究、讨论，因而天下学者云集而来者不下千人，可说是集一时之盛了，据此孟子决定再次适齐。

孟子第二次到齐国是由大梁而来。他先到范邑（今山东范县东南二十里），范邑是大梁到齐的要道，当时属齐国，是齐威王庶出儿子的封邑。孟子从范邑到齐国，从远处看见齐王子的仪表，其神态与人不同，很有感慨地说："居处环境改变人的气度，奉养改变人的体质，对于居处环境应当很慎重啊！难道他不也是人的儿子吗？"

"王子的住所、车马、衣服，多半和别人相同，而王子为什么能像那样呢？就是因为居处尊贵的地位使他那样的。何况以仁义为居所的人呢？过去鲁君到宋国去，在宋国垤泽城门（东城南门）外呼喊开城门。守城门的人说：'这位不是我们的国君，怎么他的声音和我们国君那样相像呢？'这没有别的原因，他们居处的地位相似罢了。"

孟子师徒来到平陆，曾作短暂逗留。孟子住在平陆的时候，储子任齐相，派人送礼物来和孟子交朋友。孟子接受了，但是并不回报。

孟子在平陆还会见了平陆的地方长官大夫孔距心，并对他有所批评。《孟子·公孙丑下》记载：

孟子来到平陆，对平陆大夫孔距心说："你的战士，要是在一天之内有三次失职，你是不是就开除他呢？"

孔距心说："不必等他有三次失职，我早就开除他了。"

孟子说："那么，你失职的地方很多啊，灾荒之年饥饿的岁月，你的民众，年老体弱的抛尸于山沟野谷，强壮的逃散于四方，差不多有一千人了。"

孔距心说："这不是我孔距心能力能办到的。"

孟子说："而今有接受主人的牛羊而替他放牧的人，就必然要替牛羊找寻牧场和草料，假如牧场和草料都找不着，那么是将牛羊送还主人呢？还是看着牛羊活活饿死呢？"

孔距心说："这就是我孔距心的罪过了。"

后来，孟子到了齐国都城临淄，见到齐宣王时说："君王的地方长官，我知道有五个人，他们中知道自己罪过的只有孔距心一个。"于是把在平陆与孔距心的对话叙述了一遍。

齐宣王听后说："这就是我的罪过了！"

孟子由平陆到达临淄以后，虽然齐相储子曾派人在平陆给孟子送过礼物，但是孟子并不主动去见储子。因此引起了弟子屋庐子的疑问。过去孟子在邹时季任代理国君，派人到邹送礼物给孟子，孟子接受了，没有回报，后来亲自到任国去见季任，而对储子却不这样。屋庐子将两者对比后，发现了矛盾。于是他高兴地说："我找到老师的岔子了。"他问孟子说："老师到任国去求见季任；到齐国却不去见储子，难道因为他是齐相的缘故吗？"

孟子说："不是的。《尚书》说：'享献的礼最可贵的是仪节，要是仪节不够，礼物虽然多，也只能是没有享献，因为享献的人没有用心在这上面。'这是因为没有完成那享献的缘故。"

屋庐子很高兴。有人问他，他说："季任因为有守国的责任不能离开任国到邹国，而储子是齐相，是可以到齐的城邑平陆来的。（所以孟子到临淄不去求见储子。）"

孟子到了临淄，因为名声很大，齐宣王对孟子产生了好奇之心，偷偷派人去看孟子是不是长得和一般人不一样。《孟子·离娄下》记载：

储子来见孟子说："齐王派人偷偷看你，你是不是果真与一般人不同呢？"

孟子说："我有什么与一般人不同的地方呢？尧舜也与一般人相同啊！"

就在孟子适齐前夕，列国的局势有了新的变化——宋国的国君称王；韩、赵、魏、燕、楚五国联合攻秦，结果于函谷关战败。这一仗打破了秦国和东方列国之间的均势局面，也刺激了齐宣王励精图治的决心。因此，齐宣王第一次与孟子论政，便问道："孟老夫子知识渊博，能将齐桓公、晋文公春秋称霸的详情与道理讲给寡人听听吗？"

孟子回答说："孔子的门徒，没有讲齐桓公、晋文公的事迹的，所以没有传到后世来。我也未曾听说过。如果一定要讲，我就讲王道吧！"

齐宣王说："要有什么样的德行才能够统一天下而称王呢？"

孟子说:"保护民众,使其安定,这样就可以统一天下而称王,没有谁能够阻止。"

齐宣王说:"像我这样,可以保护民众,使其安定吗?"

孟子说:"可以。"

齐宣王说:"从什么地方知道我可以呢?"

孟子说:"我听君王左右的近臣胡龁说:'君王坐在大殿之上,有人牵着牛从殿下走过,君王看见了,说:牛牵到什么地方去呢?回答说:将要杀了它,用牛血来祭钟。君王说:不要宰它吧!我不忍心看见它死到临头恐惧哆嗦的样子,就好像没有犯罪而被处死。回答说:那么祭钟的仪式不进行了吗?君王说:怎么可以不进行呢?用羊来换它吧。'不知是否有这事?"

齐宣王说:"有这事。"

孟子说:"有这样的同情心,就足以统一天下而称王了。老百姓都以为君王吝啬,而我早就知道君王有同情之心。"

齐宣王说:"是的。确实有老百姓如此说的,齐国虽然小,可我怎么会吝啬一条牛呢?就是不忍看见它恐惧哆嗦,好像是没有犯罪而被处死。所以才用羊来换它。"

孟子说:"君王不要怪老百姓以为君王吝啬。用小的(羊)去换大的(牛),老百姓怎么能够知道君王的深意呢?君王如果可怜它没有犯罪而被处死,那么,羊与牛同样无罪,为什么放了牛而用羊呢?"

齐宣王笑着说:"这真是什么心理,我也不懂!我并非吝啬钱财。而用羊去换牛,老百姓该认为我吝啬啊!"

孟子说:"这没关系,君王这样的同情心就是实行仁的方法啊!因为你只看见牛恐惧哆嗦的样子,而没有看见羊。对于飞禽走兽,有学问有道德的人看见它们活着,不忍心看见它们死,听到它们的声音,不忍心吃它们的肉,所以有学问有道德的人远离厨房。"

齐宣王很高兴,说:"《诗·巧言篇》说:'别人存什么心,我都能揣摩到。'先生就是这样啊!我只是做了,再反问自己,却讲不出为什么要这样做的道理来;先生的话,使我的心豁然开朗了。然而我这种同情心之所以和王道相符合,又是为什么呢?"

孟子说:"如果有人这样对君王说:'我的力气足够举起三千斤,而不能够举起一根羽毛;眼力足够观察到秋天鸟儿的细毛,而看不见一车柴草。'那么,君王相信这样的话吗?"

齐宣王说:"不相信。"

孟子说:"而今恩德足以施于飞禽走兽,却不能使老百姓得到好处,又是为什么呢?这样看来,一根羽毛举不起来,是因为不用力举;一车柴草都看不见,是根本不用眼睛去看;老百姓得不到保障,是因为不愿施恩于他们。君王之所以不以仁德来统一天下,是不愿意做,而不是没能力做。"

齐宣王说:"不愿意做,与没能力做这两者的情形,又有什么区别呢?"

孟子说:"把泰山挟在腋下跳过北海,对人说:'我做不到。'是真正做不到。替老年人按摩按摩,对人说:'我做不到。'是不愿意做,不是没能力做。所以君王之所以不以仁德来统一天下,不属于把泰山挟在腋下跳过北海这一类的,君王之所以不以仁德来统一天下,是属于给老年人按摩按摩这一类啊。

"尊敬我家的老人,推而广之,到尊敬别人家的老年人;爱护我家的小孩子,推而广之,到爱护别人家的小孩子;以此为原则,那么治理天下就如同在手掌中运转东西那么容易了。《诗·思齐篇》说:'先给妻子做榜样,再推广到兄弟,以到达封地和国家。'这意思是说把好心好意,推广到其他方面罢了。所以说由近及远把恩德推而广之,就能够安定天下,不把恩德推而广之,就不能够保护自己的妻子。古代的圣人贤人,之所以大大超过一般人,没有别的,就是因为善于推广他们的好行为罢了。而今恩德足以施给飞禽走兽,而老百姓却得不到好处,这是为什么呢?用秤称一称,就知道轻重;用尺量一量,就知道长短。万物都是如此,心更需要这样,君王请考虑考虑吧!

"难道说君王一定要动员军队,使将士冒着生命危险,去和别国诸侯结下怨恨,然后才能使心里痛快吗?"

齐宣王说:"不!我为什么要这样才痛快呢?不过是要实现我的最大欲望啊!"

孟子说:"君王的最大欲望,可以告诉我吗?"

齐宣王笑了,但是没说话。

孟子说:"是因为肥美的食物不够吃吗?是因为轻盈暖和的衣服不够穿吗?还是认为美丽的色彩不够看吗?美妙的声音不够听吗?或者是因为在身边的奴仆不够使唤吗?君王的大臣们,都可以把这些供给你,而君王难道是为了这些吗?"

齐宣王说:"不是。我不是为了这些。"

孟子说:"那么,君王最大的欲望我已经知道了。你是想扩张疆土,使秦国楚国也来向你朝贡,你来作天下的盟主,而且安抚四周的少数民族。但是,用你这样的做法,要满足你的欲望,那就好像爬上树去抓鱼一样。"

齐宣王说:"真的有这么严重吗?"

孟子说:"恐怕比这还要严重!爬到树上去抓鱼,虽然抓不到鱼,也不会有什么灾祸。但是用你的做法去满足你的欲望,要是尽心尽力去做,结果必然会带来灾祸。"

齐宣王说:"为什么会这样?可以讲给我听听吗?"

孟子说:"邹国人与楚国人进行战争,那么,君王以为谁能打胜呢?"

齐宣王说:"楚国人能打胜。"

孟子说:"这样看来,小国固然不能与大国为敌,人口少的国家固然不能与人口众多的国家为敌,弱国固然不能与强国为敌。而今中国的土地,有方圆九千里,而齐国只有方圆一千里,要用九分之一的力量去与九分之八的力量为敌,这和邹国与楚国为敌有什么区别呢?如果知道这样做不行,那么,就该从实行仁政这个根本办法着手。

"而今君王实行仁政,使天下要求做官的人都想到君王的朝廷里来,农夫都想到君王的土地上进行耕种,商人都想到君王的集市做买卖,过往的旅客都想取道于齐国,天下痛恨自己国君的人,都想向君王提出控诉,要是能这样,还有谁能抵挡得住呢?"

齐宣王说:"我脑子昏乱,对你所讲的仁政不能进一步地体会,请先生帮助我达到目的,明白地告诉我该怎么办,我虽然不很聪明,但是很愿意试一试。"

孟子说:"没有固定的产业,而有一定的道德规范和行为准则,这只有士人才能办到。要是民众没有固定的产业,就没有一定的道德规范和行为准则。假如没有一定的道德规范和行为准则,就会胡作非为、违法乱纪,什么坏事都干得出来。

等到他们触犯了法律，然后施以刑罚，这是祸害民众啊！哪有仁德的人在君位上还可以干祸害民众的事呢？所以英明的君主规定民众的产业，必定要使上足够供养父母，下足够抚养妻子儿女，丰收之年，丰衣足食，灾荒之年，也不会饿死，这样去诱导民众走上正确的道路，民众也就很容易听从了。

"而今规定民众的产业，上不足以供养父母，下不足以抚养妻子儿女，丰收之年，也艰难困苦，灾荒之年，难免于死亡，这样，就是使自己不至于饿死，还很难办到，哪里有空闲的时间来学习礼义呢？

"君王要是打算实行仁政，那么，就要从根本上着手。给农夫五亩住户、园圃的地，其中栽种桑树，可以使五十岁的人穿上丝绸的衣服。再喂养鸡、猪、狗等家禽与牲畜，饲料和管理都很恰当和及时，可以使七十岁的老人都能吃到肉。给农夫一百亩田地，不要耽误了耕种、收获的季节，八口人的家庭就可以不受饥饿了。在此基础上，办好学校，进行教育，使民众懂得孝顺父母、尊敬兄长的道理，这样就会使头发花白的老人受到尊敬，不至于让他们肩挑重担，奔走于道路之上。老年人能穿丝织的衣服，而且有肉吃，民众不受饥饿和寒冷的威胁，这样还不能称王于天下，是从来没有的。"

孟子与齐臣庄暴论齐宣王好乐，也阐发了他"与民同乐"的主张。《孟子·梁惠王下》记载：

齐臣庄暴来拜望孟子，说："我被君王召见，君王对我说，他爱好音乐，我不知如何回答他。"庄暴接着说："爱好音乐怎么样呢？"

孟子说："君王如果很爱好音乐，齐国就能够治理得相当好了。"

后来有一天，孟子被齐宣王召见，说："君王曾经和庄暴谈论爱好音乐，有这回事吗？"

齐宣王因不满庄暴将这话告诉孟子，而变了脸色。说："我并非爱好古代的音乐，不过是爱好当今通俗的音乐罢了。"

孟子说："君王很爱好音乐，齐国就能够治理得相当好了！当今的音乐和古代的音乐都是音乐，没有根本的不同。"

齐宣王说："这道理可以讲给我听听吗？"

孟子说："一个人独自享受音乐的快乐，与别人共同享受音乐的快乐，哪一种更快乐呢？"（"独乐乐，与人乐乐，孰乐？"）

齐宣王说："与别人共同享受更快乐。"（"不若与人。"）

孟子说："与少数人应受音乐的快乐，和与多数人共同享受音乐的快乐，哪一种更快乐呢？"（"与少乐乐，与众乐乐，孰乐？"）

齐宣王说："与多数人共同享受更快乐。"（"不若与众。"）

孟子说："请允许我给君王讲一讲享受音乐快乐的道理吧。而今假如君王在这里演奏音乐，民众听到敲钟击鼓、吹奏箫笙的声音，都感到头痛，互相愁容满面地说：'我们的君王这样爱好音乐，为什么使我们苦痛到如此地步呢？父子不能相见，兄弟妻室儿女不能团聚。'而今假如君王在这里打猎，民众听到君王的车马声音，看见仪仗的美丽，都感到头痛，互相愁容满面地说：'我们的君王这样爱好打猎，为什么使我们苦痛到如此地步呢？父子不能相见，兄弟妻室儿女不能团聚。'这没有别的，就是因为不与民众共同享受快乐的缘故。

"而今假如君王在这里演奏音乐，民众听到敲钟击鼓、吹奏箫笙的声音，都十分高兴，互相面带笑容地说：'我们的君王大概身体健康，要不然怎么能演奏音乐呢？'而今假如君王在这里打猎，民众听到君王的车马声音，看见仪仗的美丽，都十分高兴，互相面带笑容地说：'我们的君王大概身体健康，要不然怎么能打猎呢？'这没有别的，就是因为与民众共同享受快乐的缘故。而今君王与民众共同享受快乐，就一定能称王于天下。"

孟子还批评齐宣王不实行仁政，以致使民众受苦难。孟子论辩时言辞锋利，弄得齐宣王无言对答，十分尴尬。《孟子·梁惠王下》记载：

孟子对齐宣王说："君王的大臣有把妻子儿女都托付给他的朋友而到楚国去旅游的，等到他回来的时候，妻子儿女又挨冻又饥饿，这样的朋友该怎么办呢？"

齐宣王说："该和他断绝交往。"

孟子说："主管监狱的官吏不能治理好监狱，该怎么办呢？"

齐宣王说："该撤他的职。"

孟子说："国家治理不好，该怎么办呢？"齐宣王惭愧地左顾右盼，而把话题扯到别处去了。

孟子还与齐宣王就君臣关系问题谈了他的看法。他认为君臣关系是相对的，不存在臣对君的绝对服从。《孟子·离娄下》记载：

孟子对齐宣王说："国君把臣下看成是自己的手足，臣下就把国君看成自己的心腹；国君把臣下看成狗马，臣下就把国君看成一般人；国君把臣下看成泥土草芥，臣下就把国君看成仇敌。"

齐宣王说："按丧礼的规定，离职的臣下要为过去的国君穿三个月的孝服，要怎样对待臣下，臣下才会为国君穿孝服呢？"

孟子说："臣下有谏，国君就照办；有建议，就采纳。恩惠能使在下的民众得到。臣下如果有事必须离开，国君就派人引导他出国境，并且派人到他要去的地方，作必要的准备；去后三年还不返回，然后才收回他的田地和住宅。这就叫做三有礼。如果能够这样，臣下就应该为过去的国君服孝。而今臣下劝谏，国君不照办，建议也不采纳。恩惠不能使在下的民众得到。臣下有事必须离开，国君就把他捆绑着抓起来，如果他去到一个地方，就设法使他处于困境；当他一离开，就收回他的田地和住宅。这就叫做仇敌。仇敌的国君，臣下怎么还能为他服孝呢？"

孟子认为，国君若不尽国君之职，就与臣下不尽职同罪，国君若是不贤，不实行"仁政"，可以流放，而对夏桀，商纣这样的暴君，还可以诛杀。《孟子·梁惠王下》记载：

齐宣王问孟子说："商汤流放夏桀，周武王讨伐商纣，确实有这回事吗？"

孟子说："史书上有这样的记载。"

齐宣王说："臣下杀死他的国君，这样干可以吗？"

孟子说："破坏仁爱的人叫做'贼'，破坏道义的人叫做'残'，'残'、'贼'这类人叫做'独夫'。我听说诛杀了'独夫'商纣，而没有听说过臣下杀死了国君。"

在齐国，孟子受到从未有过的礼遇，齐宣王授予他"卿"之高位，派他出使滕国，并屡屡向他问政。齐宣王喜好"齐桓晋文之事"，而孟子却大谈他的"仁政"主张。在"土地"方面，他提出了"制民之产""恒产恒心""不征不税"等说；在"人民"方面，他强调"保民而王""乐民之乐，忧民之优""为民父母"说；在"政事"方面，他严厉批评王公大臣，斥之为"污君""不肖者"，并且声言对无德之君可以"易位"，有时竟弄得齐宣王或"勃然变色"，或无言以对，只好"顾左右而言他"。

导致齐宣王与孟子出现真正分歧的是齐伐燕之战。孟子对齐宣王的做法十分不满，他同齐宣王多次议论，终因政见不同未能达成一致。孟子决定辞去卿位，离齐还乡。宣王主动去见孟子，表示挽留，并打算在临淄城中给他一幢房舍，予以万钟的厚禄。孟子却不接受，决计离齐。在回邹国的途中，孟子心情非常复杂。他在齐边邑昼连住了三晚，希望齐宣王改变态度，亲自来昼挽留他。但齐宣王始终未来，孟子最后在失望中离开了齐国。

归邹著书

孟子带领弟子离开了齐国，在归邹的路上，弟子充虞问道："老师好像有点不愉快的样子。过去我曾经听你说过：'君子不抱怨天，也不责怪人。'老师为什么又这样呢？"

孟子说："那是一个时候，现在又是一个时候。情况已经不同了。从历史上看，每过五百年必然会有圣王兴起，这期间必然会有辅佐圣王的人出现。由西周以来，已经七百年了，以年数来说，就已经过了。以时势而论，就该出现圣王贤臣了。看来是老天爷不想使天下得到治理和安定，如果是想使天下得到治理和安定，当今的社会里，除了我还能有谁呢？我为什么会高兴呢？"

孟子在回到邹国之前，在离家乡约百里的滕县北面的休邑作短暂停留。弟子公孙丑问孟子："做官却不接受俸禄，这符合古代的道理吗？"

孟子说："不符合。我在崇见到齐王，回来就有离开齐国的想法，而且不打算改变，所以不接受俸禄。后来发生了齐国讨伐燕国的战争，不便于请求离开。长久地住在齐国，不是我的愿望。"

孟子在周赧王三年（齐宣王九年、楚怀王十七年、公元前312年）回到故乡邹国。回到故乡后，年近八十的孟子从此以后不再出游。

孟子一生的经历，很像孔子，过着长期的私人讲学的生活，中年以后怀着政治抱负，带着学生周游列国。随从的学生最盛的时候，是"后车数十乘，从者数百人"。他也是到处受到当权人物的款待。他到了哪一国，都无所顾忌地批评国君，甚至责备得国君"顾左右而言他"，而他的政治主张却不被接受。孟子晚年回到故乡，从事教育和著述。他说："得天下英才而教育之"是最快乐的事。孟子的弟子虽没有孔子那么多，但他也是战国时期著名的教育家。

孟子一生东奔西走，终不得志，因而晚年"退而与万章之徒序《诗》《书》，述仲尼之意，作《孟子》七篇"，以此来记叙他的活动、阐明他的政治主张和学术思想。孟子就是这样安度他的晚年，直到周赧王十年（公元前305年）去世，终年八十五岁。

赵岐在《孟子题辞》中把《孟子》与《论语》相比，认为《孟子》是"拟圣而作"，即孟子模仿《论语》而写的。它以"仁义"为中心，阐明儒家的思想，是与《论语》并列的儒家经典。

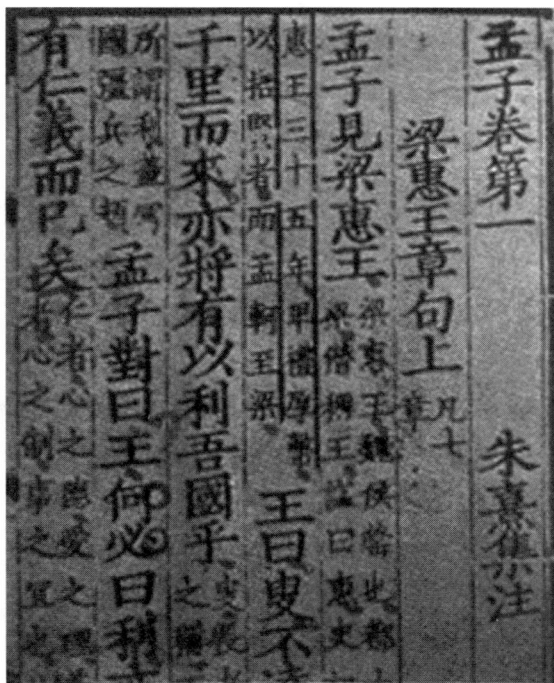

朱熹《孟子集注》书影

　　《孟子》一书对中国文化产生了广泛而深远的影响。《汉书·艺文志》仅仅把《孟子》放在诸子略中，视为子书，但实际上在汉代人的心目中已经把它看作辅助"经书"的"传"书了。自"独尊儒术"的汉武帝始，《孟子》就已成为儒家道统的经典。故在汉代便有赵岐注本流行于世，赵岐把"拟圣而作"的《孟子》与《论语》并列。汉文帝把《论语》《孝经》《孟子》《尔雅》各置博士，便叫"传记博士"。唐代宗宝应二年（公元763年），礼部侍郎杨绾上疏，请求以《论语》《孝经》《孟子》并列为经，这大约是《孟子》立为经的先声。到五代后蜀时，后蜀主孟昶命毋昭裔楷书《易》《书》《诗》《仪礼》《周礼》《礼记》《公羊》《谷梁》《左传》《论语》《孟子》十一经刻石，宋太宗时又加以翻刻，这便是《孟子》列入"经书"的开始。到南宋孝宗时，朱熹在《礼记》中取出《大学》《中庸》两篇，认为是曾子和子思的作品，与《论语》《孟子》合在一起，称为《四书》，于是《孟子》的经典地位更加巩固了。到明清两代，规定科举考试中八股文的题目从《四书》中选取，而且要"代圣人立言"，于是当时任何读书人便不得不把《孟子》读得烂熟了。

亚圣孟子墓

　　历代为《孟子》作注释比较重要的有东汉赵岐的《孟子》注和宋代朱熹的

《孟子集注》。清代的焦循总结了前人的研究成果撰成《孟子正义》一书，是集大成的著作。

《孟子》一书的思想对中国历史和文化的影响，正如《孟子译注》的作者杨伯峻所说的那样："孟子作为孔子之学的继承者和弘扬光大者，是整个中国文化的'道统'之声。"

孟子与孔子，被后人并称为孔孟，孟子的学说与孔子的学说，被后世称为"孔孟之道"。孔子被历代帝王尊为"圣人"，而孟子则被尊为"亚圣"。"亚圣"之称，最早见于东汉赵歧的《孟子题辞》，其中称道孟子为有"命世亚圣之大才者"。到宋神宗时，孟子被封为"邹国公"；元文宗至顺元年（公元1330年）孟子被封为"邹国亚圣公"；明世宗时直称"亚圣"。

第二章 孟子政治思想

　　孟子是儒家学说的代表人物之一，被后世尊称为"亚圣"。针对春秋战国时代连年战争、生灵涂炭的现实，孟子主张实行"仁政"。"仁政"学说，是孟子思想的核心，是对孔子"仁学"思想的继承与发展。孔子的"仁"是一种含义极广的

邹城祭孟活动

伦理道德观念，其最基本的精神就是"爱人"。孟子从孔子的"仁学"思想出发，把它扩充发展为包括思想、政治、经济、文化等各个方面的施政纲领，就是"仁政"。"民贵君轻""与民同乐"等思想就是"仁政"在政治上的反映。孟子的政治思想体系，对两千年来的中国封建社会的历史，产生了异乎寻常的影响。

民贵君轻

孟子民本思想的形成，固然离不开他个人的天才与创见，但也是他顺应历史潮流，善于总结历史经验的必然结果。早在"轩辕之时，神农氏也衰。诸侯相侵伐，暴虐百姓，而神农弗能征。于是轩辕乃习用干戈，以征不享，诸侯咸来宾从。"轩辕征讨诸侯，就是为了把老百姓从苦难中解救出来，说明在远古时代，民本意识就已经出现了。至于黄帝以后的尧、舜、禹等，《史记》中也大量记载了他们为百姓造福的事。《史记》的记载虽属传说，但是传说时期我们的祖先就已经步入了文明的门槛，这是毋庸置疑的。那时候，随着生产力的发展，人们占有的财产与社会地位都逐渐出现了明显的差别。尤其是部落的首领，有了相当大的特权。为了满足个人私欲，常常会发动本族掠夺、侵犯他族的战争。有战争就必然有胜负，人心的向背无疑是决定战争胜利的主要因素。于是，为了赢得战争的胜利，也为了维护本族的整体利益，部落的首领们就想方设法赢得民心，于是民本思想就应运而生。传说中古之圣王的重民、爱民事迹，正与这一历史发展规律相吻合。

如果说史前传说时期诸圣王重民、爱民之说为民本思想的形成和发展提供了正面经验的话，那么后三代桀、纣由于轻民、暴民而导致夏、商覆亡，则为民本思想的发展、深化提供了反面教材。反面教材往往比正面教材更深刻，教育的效果更直接。它促进了民本思想意识的深化和升华。到了周代，统治者对民的认识更进了一步，不仅在经济上认为治民就必须"先知稼穑之艰难"，要做到"怀保小民，惠鲜鳏寡"，而且在政治上，也要高度重视民的问题。这在《诗经》等著作中多有体现。

春秋战国时期，是我国社会历史上政治大动荡的时代。频繁的战争，各国统治者的横征暴敛，使生产遭受到了极大的破坏。孟子描写当时的情况是"争地以战，杀人盈野，争城以战，杀人盈城"，人民颠沛流离，哀鸿遍野。在无法照旧生活的情形下，反抗自然就产生了。公元前614年，梁国奴隶暴动，公元前550年，陈国庶民起义……这些战争在一定程度上使统治阶级意识到了人民力量的重要性。

在这样的历史条件下，一些政治家，思想家发展了周初敬德保民的思想，提出了"重民"的学说。孔子提出了"仁"的学说，认为"仁"就是爱人，所以行仁政就要"惠民"。与儒家思想对立的墨子，也主张"兼爱"。这种重视人的看法，是当时的思想潮流。相形之下，君权绝对至上的思想动摇了。由此可见，孟子的民本思想的形成，与时代是分不开的。

"民为贵，社稷次之，君为轻。"朱熹解释说："国以民为本。社稷亦为民而立，而君之尊又系于二者之存亡。"这便是著名的"民贵君轻"说。"民贵君轻"说是孟子民本思想的集中体现，是对西周"以德配天"的君权神授说的突破。在当时各国诸侯强兵富国心切之际，孟子提出这样的思想主张，不能不说是一种历史的进步。

孟子强调"民"的重要，认为"民"是政治的基础，因此，"天子"要把君位让与某人，也要"民"的接受才行。孟子说："得乎丘民而为天子。"（《孟子·尽心下》）"丘民"就是老百姓。

天子只有得到人民的拥护，才能保证政治的稳固。土谷神只有保佑人民，其设立才有意义。如果国君无道，危及国家的存在，那就应该换掉国君；如果祭祀很周到，还发生旱涝灾害，就应该废置社稷。唯有人民无论什么时候都不能放弃，不能丧失，所以人民是国家的根本。孟子还以当时人们所熟知的历史事实为依据，说明了如下道理：得天下在于得民，得民在于得民心。夏桀商纣对待人民残暴无比，失去民心，最终导致国家灭亡，本人也落得逃亡或被杀的下场。他引用了《汤誓》里的话"时日害丧？予及女偕亡！"说明对待人民残暴的君主，不得民心，人民情愿玉石俱焚。相反，商汤、周文王行仁政，爱护老百姓，"汤德至矣，及禽兽""文王视民如伤""武王不泄迩，不忘远"，因而得到了人民的拥护，灭桀、纣而得天下。因此，国君对于老百姓必须施行"仁政""与民同乐"，才能得到老百姓的拥护；而对不行"仁政"的暴君，可以流放，甚至可以诛杀。这就是"民贵君轻"的内涵。

齐宣王向孟子问政这一段内容正反映了孟子"民贵君轻"的思想。

齐宣王问："商汤流放夏桀，周武王讨伐商纣，真的有这些事件吗？"

孟子答："史料中有这种记载。"

宣王问："臣子犯上杀死君主，行吗?"

孟子答："破坏仁的人叫做'贼'，破坏义的人叫做'残'，毁仁害义的残贼，叫做'独夫'。只听说把独夫纣处死了，却没有听说是君主被臣下杀害了。"

孟子说："桀和纣之所以失去天下，是因为失去了老百姓的支持；之所以失去老百姓的支持，是因为失去了民心。获得天下有办法：获得老百姓的支持，便可以获得天下。获得老百姓的支持有办法：获得民心，便可以获得老百姓的支持。获得民心也有办法：他们所希望的，就满足他们，他们所厌恶的，就不强加在他们身上。如此罢了。老百姓归服仁德，就像水往低处流，兽向旷野跑一样。所以，替深池把鱼赶来的是吃鱼的水獭；替森林把鸟雀赶来的是吃鸟雀的鹞鹰；替商汤王、周武王把老百姓赶来的是残害老百姓的夏桀和殷纣王。"

在孟子看来，政权的更迭，君王的易位，都取决于民众的态度。在社会的政治结构中，民众是基础和前提，甚至起着决定性的作用。君和民相比，民的作用更为重要些。

孟子说："君之视臣如手足，则臣视君如腹心；君之视臣如犬马，则臣视君如国人；君之视臣如土芥，则臣视君如寇仇。"（《孟子·离娄下》）君臣的关系是相对的。君不仅对臣有所要求，臣对君也应该有所要求。君视臣为人，则臣才能对君尽义务。君不把臣当做人，臣也不能把君当作君，甚至可以敌视君。诚然，孟子所说的君臣关系，只是就统治阶级的内部关系而言，还不包括君民关系。但孟子又说："在国曰市井之臣，在野曰草莽之臣，皆谓庶人。"（《孟子·万章下》）在"率土之滨，莫非王臣"的宗法社会中，君主本身之外的其他一切人都可以说是臣民。因此，孟子所说的君臣关系，也应当包括君民关系，至少在逻辑上是这样。这就是说，如果君王残虐民众，民众也可以采取敌对的态度去反对暴君。在二千多年前等级森严的宗法社会中，这样的观念可谓大胆而新奇矣!

在"民贵君轻"的基础上，孟子提出了"民心决定论"。

孟子从桀、纣覆灭的历史经验中，分析了天下得失的根本原因："桀、纣之失天下本"也，失其民也；失其民者，失其心也。得天下有道：得其民，斯得天下矣；得其民有道：得其心，斯得民矣。"（《孟子·离娄上》）天下之得失在于能否得民，而能否得民又在于能否得到"民心"，即能否得到民众真心实意的拥护。

桀、纣之失民，实际是失去了民心。反之，汤、武无敌于天下，就在于"四海之内皆举首而望之"，顺从了天下民众之心。

齐王准备吞并燕国，征求孟子的意见。孟子很干脆地说："取之而燕民悦，则取之。……取之而燕民不悦，则勿取。"（《孟子·梁惠王下》）这也是说，君王的行动必须符合民意，争得民众的支持，否则是很危险的。孟子实际认为君的意志应该服从民的意志。战国时期，战争是最重要的政治活动。决定战争胜负的最重要条件是什么，这是人们普遍关心的问题。孟子把战争胜负的因素归结为三个："天时""地利""人和"。所谓"人和"，指内部团结，人心所向。孟子认为，在这三个因素中，最重要的是"人和"："天时不如地利，地利不如人和。"（《孟子·公孙丑下》）"人和"即是"有道"，有道也就有了胜利之得道者多助，失道者寡助。寡助之至，亲戚畔之；多助之至，天下顺之。以天下之所顺，攻亲戚之所畔；故君子有不战，战必胜矣。"（《孟子·公孙丑下》）孟子把战争分为正义和非正义两类。他认为，正义的一方必胜，非正义的一方必败，其基本原因是前者顺从了民心，后者背离了民心。所以，民心是决定战争胜负的最重要因素。

那么，孟子是否认为战争可以只要"人和"，而可以不要别的因素？他强调"人和"是否就是绝对化？实际上，孟子虽然注重人和，但并不否定其他因素，他只是认为，在战争诸多因素中，人和是最重要的，其他因素与之相比是次要的。例如，滕文公向孟子请教如何对付大国的侵略，孟子说："凿斯池也，筑斯城也，与民守之。"（《孟子·梁惠王下》）这是说，除了人和外，尚需要战备方面的因素。孟子曾对梁惠王说，如果您"施仁政于民"，则可使民"制梃以挞秦楚之坚甲利兵"（《孟子·梁惠王上》）。孟子说："制梃"也可以打胜仗，并没有说不要武器，只是说，只要人心所向，即使用简陋的武器也完全可以打败装备精良的敌人。孟子的说法并没有错。

人心不可违，得人心者昌，失人心者亡，人心向背体现了人民群众创造历史的伟大作用。孟子的认识虽然不可能如此深刻，但他能看到民心的重大作用，这确是非常可贵的。

与民同乐

孟子认为，从圣人到民都是同类，人在"类"的面前一律平等。"圣人与民，亦类也""圣人与我同类者""尧舜与人同耳"，他认为人人皆可以为尧舜。这就提高了普通人的地位，论证了人在本质上是平等的特点。正是以此为基础，孟子极力反对为人君主者大肆扩张并滥用自己的权力，主张从阶级的利益出发，对此加以适当的限制。他说："君有大过则谏，反复之而不听，则异位。"孟子还主张君主与臣民之间在人格上的对等。"君之视民为手足，则臣视君为心腹；君之视臣为犬马，则臣视君如国人；君之视臣如土芥；则臣视君为寇仇。"这就使孟子的民本思想有了个性解放的因素，在当时君权至上的社会中，这种看法可谓惊世骇俗，振聋发聩，在往后的历史长河乃至今天，他的这种思想仍具有重大的积极意义。

在主张君民人格对等的基础上，孟子提出了与民同乐的思想。国君要使老百姓敬爱自己，归服自己，必先爱民；忧民之忧，乐民之乐。

孟子曾数次向君主宣扬他的与民同乐思想。

孟子拜见梁惠王时，梁惠王站在池塘边上，一面顾盼着鸿雁麋鹿、飞禽走兽，一面说："贤人也以此为乐吗？"

孟子回答说："贤德的人才能享受这样的快乐，没有贤德的人虽然有这样的苑囿，也不能享受其快乐。《诗·大雅·灵台篇》说：'开始建灵台，营建又营建，民众努力干，工程提前完。王说不着急，民众更努力。王在灵囿中，母鹿正安逸，母鹿光又肥，鸟儿羽毛洁，王在灵沼上，满池鱼跳跃。'这首诗写周文王用民众的劳力修建高台池沼而民众乐于干这活；将那高台称为灵台，将那沼称为灵沼，以里面有麋鹿、鱼鳖等多种动物为乐。因为古代的贤人与民众一起快乐，所以能够快乐。而像《尚书·汤誓》所说：'太阳啊！你什么时候才消灭呢？我们愿意和你同归于尽。'民众都想和他同归于尽了，虽然有楼台池沼，飞鸟走兽，难道还能够独自快乐吗？"

仁慈的政治领导人与民同乐，所以能享受到真正的快乐。残暴专制独裁者穷奢极欲，不顾老百姓的死活，其结果是自己也得不到真正的快乐。从历史的情况看，夏桀王固然没有好下场，后世的殷纣王造酒池肉林，秦始皇建阿房宫，隋炀帝修迷楼，宋徽宗筑艮岳，慈禧太后建颐和园等，大兴土木，原本都是为了享受快乐，但由于贪婪残暴，不顾人民死活，结果是民怨鼎沸，几乎没有一个有好结局，也没有一个享受到了真正舒心的快乐。这些都证实了孟子"与民同乐"思想的正确性。沿着这一正一反两条线索展开，以周文王和夏桀的典型例证作为论据，孟子提出了当政者应"与民同乐"的思想主张，从而教育了梁惠王。

孟子还向齐宣王提出了自己"与民同乐"的政治观点。

一次，孟子被齐宣王召见，说："君王曾经和庄暴谈论爱好音乐，有这回事吗？"

齐宣王因不满庄暴将这话告诉孟子，而变了脸色。说："我并非爱好古代的音乐，不过是爱好当今通俗的音乐罢了。"

孟子说："君王很爱好音乐，齐国就能够治理得相当好了！当今的音乐和古代的音乐都是音乐，没有根本的不同。"

齐宣王说："这道理可以讲给我听听吗？"

孟子说："一个人独自享受音乐的快乐，与别人共同享受音乐的快乐，哪一种更快乐呢？"

齐宣王说："与别人共同享受更快乐。"

孟子说："与少数人应受音乐的快乐，和与多数人共同享受音乐的快乐，哪一种更快乐呢？"

齐宣王说："与多数人共同享受更快乐。"

孟子说："请允许我给君王讲一讲享受音乐快乐的道理吧。而今假如君王在这里演奏音乐，民众听到敲钟击鼓、吹奏箫笙的声音，都感到头痛，互相愁容满面地说：'我们的君王这样爱好音乐，为什么使我们苦痛到如此地步呢？父子不能相见，兄弟妻室儿女不能团聚。'而今假如君王在这里打猎，民众听到君王的车马声音，看见仪仗的美丽，都感到头痛，互相愁容满面地说：'我们的君王这样爱好打猎，为什么使我们苦痛到如此地步呢？父子不能相见，兄弟妻室儿女不能团聚。'这没有别的，就是因为不与民众共同享受快乐的缘故。

而今假如君王在这里演奏音乐，民众听到敲钟击鼓、吹奏箫笙的声音，都十分高兴，互相面带笑容地说：'我们的君王大概身体健康，要不然怎么能演奏音乐呢？'而今假如君王在这里打猎，民众听到君王的车马声音，看见仪仗的美丽，都十分高兴，互相面带笑容地说：'我们的君王大概身体健康，要不然怎么能打猎呢？'这没有别的，就是因为与民众共同享受快乐的缘故。而今君王与民众共同享受快乐，就一定能称王于天下。"

"今乐""古乐"本不可混同，但孟子深知齐宣王不会放弃对"今乐"的爱好，所以有异求同，以便进一步劝导齐王在爱好"今乐"的情况下实现"与民同乐"。所谓"今之乐犹古之乐"，问题不在于爱好"今乐"还是爱好"古乐"，而在于能否与民同赏。若能与民同赏，则古今无异。如果能够施行"仁政"，即使齐王爱好"今乐"也会得到人民的拥护。孟子善于借题发挥，因势利导，牢牢掌握谈话的主动权，一步一步地将齐王引入自己的预先设想中的话题，从而又教育了齐宣王。

当齐宣王问孟子，为什么他的狩猎场才四十里，老百姓就以为大了，而周文王的七十里，老百姓还以为小。孟子道出原因："因为文王的园林七十里见方，割草砍柴的可以去，捕鸟猎兽的可以去，是与百姓共同享用的，百姓认为太小，不也是很自然的吗？我初到齐国边境时，问明了齐国重要的禁令，这才敢入境。我听说国都郊区之内有个园林四十里见方，杀了其中的麋鹿，就如同犯了杀人罪；这就像是在国内设下了一个四十里见方的陷阱，百姓认为太大了，不也是应该的吗？"

与民同乐，被认为是一个贤明君主的必备素质。孟子认为"乐民之乐者，民亦乐其乐；忧民之忧者，民亦忧其忧。乐以天下，忧以天下，然而不王者，未之有也。"这种思想，培养了一代又一代的明君。同时，历史也证明只有真正做到"与民同乐"者，才会得到人民的爱戴，而把自己的快乐建立在人民的痛苦上的君主，必然不得民心，王朝必然走向灭亡。

王霸之辨

王霸之辨亦可说是德力之辨。孟子主张的"仁政"是德政、"王道"，与其相反的就是力政、"霸道"。孟子说："以力假仁者霸，霸必有大国。以德行仁者王，王不待大，汤以七十里，文王以百里。以力服人者，非心服也，力不赡也。以德服人者，中心悦而诚服也，如七十子之服孔子也。《诗》云：'自西自东，自南自北，无思不服。'此之谓也。"（《孟子·公孙丑上》）也就是说，凭借武力假托仁义的可以称霸，称霸必须具备大国的条件；依靠道德施行仁义的可以称王，称王不必要有大国的条件——商汤凭七十里见方的地方，文王凭百里见方的地方就称王了。靠武力使人服从，不是真心服从，只是力量不够（反抗）罢了；靠道德使人服从，是心里高兴，真心服从，就像七十位弟子敬服孔子那样。《诗经》上说：'从西从东，从南从北，无不心悦诚服。'就是说的这种情况。"

战国时期，各国都在追求"富国强兵""战胜弱敌""天下方务于合纵连横，以攻伐为贤"，而孟子则大义凛然地反潮流，"述唐虞、三代之德"，倡仁政，反霸道，主张"以德服人"的王道，因此，他的思想很难为各国的国君所容。

孟子曾向梁惠王多次提出这一观点，但梁惠王未予采纳。因此，孟子说："梁惠王多么不仁啊！仁德的人用他对所喜爱者的恩惠推及于他所不喜爱的人；不仁德的人用他施加给所不喜爱者的祸害，推及于他所喜爱的人。"

公孙丑问说："老师所说的是什么意思呢？"

孟子回答说："梁惠王为了争夺邻国土地，驱赶着他的民众去作战，被打得大败，民众抛尸于野，骨肉糜烂，无人收拾，他还要再打。恐怕兵力不够，不能取胜，所以驱使他所喜爱的子弟去以死相拼。这就叫做用他施加给所不喜爱者的祸害，推及于他所喜爱的人。"

孟子在齐国时，发生了齐伐燕之战，围绕这场战争，孟子与齐宣王多次争论。

周慎靓王五年（齐宣王五年、燕王哙五年、公元前 316 年），燕国的国君燕王哙要仿效尧舜禹禅让的故事，让位给相国子之。子之成了燕国国君，而燕王哙不听政，反而为臣，国家大事都由子之决定，因此引起了国人不服。将军市被、太子平进攻子之，子之反攻，燕国大乱。这时，齐大臣沈同向孟子询问齐国可不可以讨伐燕国。

齐大臣沈同私下问孟子说："燕国可以讨伐吗？"

孟子说："可以。燕王哙不能未得天子的允许就把燕国给予别人，子之也不能在燕王哙手中接受燕国。比如说：有一个士身份的人在这里，你很喜欢他，便不报告君王而私自将你的爵位和俸禄都给了他。那个士身份的人，也不征得君王的同意而私自接受了你的爵位和俸禄。这样做可以吗？燕王哙和子之与这个例子有什么不同呢？"

齐国人果真讨伐了燕国。

有人问孟子说："你劝齐人讨伐燕国，有这回事吗？"

孟子说："没有；大臣沈同问我'燕国可以讨伐吗？'我答复他说：'可以。'他们就这样去讨伐燕国了。他如果说：'谁可以去讨伐燕国？'我就将答复他说：'只有天吏才可以去讨伐燕国。'譬如有一个杀人犯在这里，有人问道：'这个杀人犯可以杀吗？'我将回答他说：'可以。'他如果说：'谁可以去杀呢？'我将答应说：'只有治狱的官吏才可以。'而今用和燕国一样残暴的齐国去讨伐燕国，我为什么要劝他呢？"

齐人讨伐燕国，大获全胜。齐宣王问孟子说："有人劝我不要夺取燕国，有人又劝我夺取。用万辆兵车的大国讨伐同样有万辆兵车的大国，只用五十天就攻打下来了，仅靠人的力量是办不到的，如果不夺取燕国，必然会遭到天降下来的灾祸。夺取燕国，你认为怎么样呢？"

孟子回答说："夺取它而燕国民众高兴，就夺取它。古代人有这样做的，周武王即是。如果夺取它而燕国民众不高兴，就不要夺取。古代的人有这样做的，周文王即是。用万辆兵车的大国讨伐万辆兵车的大国，燕国的民众用竹筐盛着饭，壶里装着酒来迎接你的军队，难道还有别的意思吗？不过是为了躲避那水深火热的日子。要是水更深，火更热，日子更难过，那只是统治者由燕转为齐罢了。"

齐人讨伐燕国，并且夺取了它。各诸侯计划着援救燕国。齐宣王问孟子说："诸侯们多数在谋划讨伐我，该怎么对待呢？"

　　孟子回答说:"我听说以方圆七十里来统一天下的人是商汤。还没有听说以方圆千里而畏惧别人的。《尚书》说:'商汤的征伐,是从葛国开始的。'天下的人都相信他,向东面征伐,西面的少数民族不高兴;向南面征伐,北面的少数民族不高兴,说:'为什么把我们放在后面呢?'民众盼望他,就像大旱的时候盼望乌云和虹霓那样。商汤的军队不侵扰民众,经商的照样做买卖,农夫仍然耕种庄稼,诛杀残暴的国君而安抚民众,就像及时雨的降临。民众皆大欢喜。《尚书》说:'等待我们的王,他来了以后,我们就有了生的希望。'如今燕王暴虐他的民众,君王去征伐他,民众以为将要把自己从水深火热之中拯救出来,因此用竹筐盛着饭,壶里装着酒,来迎接你的军队。假如你的军队杀害他们的父老兄弟,捆绑他们的子弟,毁坏他们的宗庙,搬走他们国家的宝贵器物,这怎么可以呢?天下的人都畏惧齐国的强大,如今加倍增加了土地而又不实行仁政,这就自然会招致各国诸侯兴兵来讨伐了。君王应该赶快发出命令,将老老小小的俘虏遣返燕国,停止运送燕国的宝贵器物,并和燕国民众协商,选择并拥立一位合适的燕王,然后从燕国撤退军队。这样就可以使各诸侯国不来干涉齐国了。"

　　然而齐宣王并没有采纳孟子的意见。

　　周赧王三年(齐宣王九年、公元前 312 年)在齐军夺取燕,杀死燕王哙与子之之后,赵国便从韩国召回燕公子职,并派乐池护送公子职入燕,立为燕王,即燕昭王。于是燕国民众反抗齐国。齐宣王知道燕人反叛齐国之后,感叹他没有采纳孟子的意见,觉得对孟子很惭愧。

　　孟子主张以仁德的"王道"来统一天下,只有"以德服人",才能使人心悦诚服。他反对"以力服人"的"霸道",也就是反对法家以严刑峻法驱民耕战,凭借"富国强兵"的实力和暴力来统一天下。

　　与王霸之辨相联系的是义利之辨。孟子在游说梁惠王时,王问:"老先生,你千里迢迢,不辞劳苦,来到大梁,将对我的国家有什么利益呢?"

　　孟子循循善诱地说道:"安邦治国之道,仁义而已,大王何必张口言利谋霸呢?国王说:'怎样才对我的国家有利益呢?'大夫说:'怎样才对我的封地有利益呢?'士与民众也说:'怎样才对我个人有利益呢?'这样,一个国家上上下下的人互相争夺利益,国家就很危险了。有一万辆兵车的天子之国,杀害天子的人,必然是有一千辆兵车的诸侯。有一千辆兵车的诸侯国，杀害国君的人，必然是有一百辆兵车的大夫。诸侯在天子的一万辆兵车中取得一千辆，大夫在诸侯的一千辆兵车中取得了一百辆，都有一定制度，还能算很多的。但是，如果按照首先讲求利益，然后才考虑是否符合道义，就会产生诸侯不把天子的一万辆兵车夺取到手，大夫不把诸侯的一千辆兵车夺取到手，就不满足的后果。因此，应该讲求仁义。没有仁德的人能抛弃他的亲属，也没有讲道义的人不尊敬他的国君的。君王只说仁、义就罢了，为什么要讲利益呢？"

孟子这段议论中所说的"利益"，是与"仁义"相对而言的。他所说的"为什么要说利益呢？"也不是完全不要利益，而是要避免"上上下下的人互相争夺利益"，使国家处于危亡的境地。孟子认为"首先讲求利益，然后才考虑是否符合道义"，就会造成不夺取上级的权力就不满足，从而产生了儿子杀死父亲，臣下杀死君主的严重后果。因此孟子认为应该首先提倡"仁义"，然后才谈得上有真正的利益。

孟子在此讲的义利之辨，即是道义与私利之辨。"上下交征利"的"利"，不是孔子所说"因民之所利而利之"的公利，而是"放于利而行，多怨"的私利。梁惠王虽然说的是"利吾国"，但其不行"仁政"，则此"利吾国"并非利民。孟子强调"仁义而已矣"，旨在劝说梁惠王施行仁政，对人民先富之、后教之，君主"与民偕乐"，如此则"保民而王，莫之能御也"。

孟子虽然说"何必曰利"，但是在其"仁义而已"的表述中也包含着《易传》所谓"利者，义之和"的思想。孟子对梁惠王说，如果王、大夫和士庶人"上下交争利"，则"国危矣"。"未有仁而遗其亲者也，未有义而后其君者也"，只有倡行仁义才能使家庭和睦，国家稳定。不仅如此，如果施行仁政，则"仁者无敌""不王者，未之有也"（《孟子·梁惠王上》）。孟子对齐宣王也说，用"兴甲兵，危士臣，构怨于诸侯"的方式，以求实现"辟土地，朝秦楚，莅中国而抚四夷"的"大欲"，那是"缘木而求鱼"。如果施行仁政，"使天下仕者皆欲立于王之朝，耕者皆欲耕于王之野，商贾皆欲藏于王之市，行旅皆欲出于王之途，天下之欲疾其君者皆欲赴诉于王"，那么，哪个国家也不能抵御强大的齐国，"然而不王者，未之有也"。

由此看来，孟子反对的"利益"，只是私利，而并不是公利，即合乎仁德与道义的利益。

孟子也并不一概反对功利。《孟子·尽心下》记载：孟子曾说："财力富足的人，到荒年就不会因物资缺乏而窘困。可见孟子对"利益"的重要性是看得很清楚的。他并不一概反对功利，而只是像孔子一样主张"见利思义"，在追求功利的时候应该首先考虑到是否符合道义。孔子反对片面追求功利，在功利面前，他认为必须以道义来衡量是不是应该取，孔子在《论语·宪问》中借公明贾的话说："符合道义之后再取得，人们就不会厌恶他的取得。"他在《论语·里仁》中又说："片面追求个人私利，并以此作为行为的准则，就会产生很多怨恨。"因此，孔子在《论语·述而》中说："干不符合道义的事而获得富贵，这对于我就好像浮云一样。"孟子关于义与利的观点是对孔子思想的继承和发展。

如果说义利之辨是要稳定国家内部，那么王霸之辨则是要用"以德服人"的方式来结束战乱，统一中国。孟子认为，"以德行仁者王，王不待大，汤以七十里，文王以百里"。当汤伐桀，武王伐纣时，"以至仁伐至不仁""民望之，若大旱之望云霓也，归市者不止，耕者不变，诛其君而吊其民，若时雨降，民大悦"（《孟子·梁惠王下》），因此，"仁人无敌于天下"（《孟子·尽心下》）。如果齐宣王能够施行仁政，"以万乘之国，伐万乘之国"，其他国家的人民也会"箪食壶浆以迎王师"（《孟子·梁惠王下》），如此则"行仁政而王，莫之能御也"。

急亲贤

春秋战国时期，尚贤之风逐渐兴起。孔子曾主张"举贤才"，他称赞魏舒"近不失亲""远不失举"，但是孔子的主导思想是"亲亲"原则。孟子也要求尚贤，他认为，"贵德而尊士，贤者在位，能者在职"，是实行仁政的重要措施之一。他又说："国君进贤，如不得已，将使卑逾尊，疏逾戚。……"（《孟子·梁惠王下》）就是说，在必要的时候，可以打破尊卑亲疏的界限，对贤才破格使用。又说："仁者无不爱也，急亲贤之为务。"（《孟子·公孙丑上》）孟子举贤的下限是"士"。

士和庶人尽管都可以说是"民",但他们的社会地位是不同的。前者属于统治阶级的一层,庶人是被统治阶级的一层。但是孟子毕竟主张向民众中的一部人开放政权,这显然是对"亲亲"制度的一个改革。

孟子还主张君王广泛地听取各阶层的意见。他说:"国君想要提拔贤德而有才能的人,如果迫不得已要用新选拔者,就要使卑贱者超越尊贵者、疏远者超越亲近者,这难道能不慎重其事吗?国君左右亲近的人都说某人贤德,不能轻信;诸位大臣都说某人贤德,还不能轻信;民众都说某人贤德,然后再考察他,经过考察,证明他确实贤德,然后才任用他。国君左右亲近的人都说某人不贤德,不可轻信;诸位大臣都说某人不贤德,还不能轻信;民众都说某人不贤德,然后再考察他,经过考察,证明他确实不贤德,然后才撤换他。国君左右亲近的人都说某人可以诛杀,不能轻信;诸位大臣都说某人可以诛杀,还不能轻信;民众都说某人可以诛杀,然后再考察他,经过考察,证明确实可以诛杀,然后才诛杀他。所以说是民众诛杀他。像这样做,然后才可以成为民众的父母。"(《孟子·梁惠王下》:"国君进贤,如不得已,将卑逾尊,疏逾戚,可不慎与?左右皆曰贤,未可也;诸大夫皆曰贤,未可也;国人皆曰贤,然后察之;见贤焉,然后用之。左右皆曰不可,勿听;诸大夫皆曰不可,勿听;国人皆曰不可,然后察之;见不可焉,然后去之。左右皆曰可杀,勿听;诸大夫皆曰可杀,勿听;国人皆曰可杀,然后察之;见可杀焉,然后杀之。故曰:'国人杀之也。'如此,然后可以为民父母。")"进贤"、任免和处置人都是比较重要的政事,孟子认为,对这样的问题,不能只听左右亲近和诸大夫的意见,还要听取国人的意见,并且还应该把国人的意见当作基本的依据。这个观念,显然包容有民主性的因素。孔子主张"民可使由之,不可使知之",法家根本反对给民众以任何权力,相比之下,孟子的思想还是有其一定可取之处的。

孟子认为对于真正贤德而有才能的专门人才,国君必须充分依赖,发挥其特长,以便治理好国家。《孟子·梁惠王下》记载:

孟子对齐宣王说:"修建大房子,就必须派建筑师去寻找大木材,建筑师得到大木材之后,君王很喜欢,以为他能够胜任自己的工作。木匠将大木材砍小了,君王就会发怒,以为他不能胜任自己的工作。有专长的人,从幼年就开始学习那门专业，到壮年之时想运用他所学的专业技能，君王却对他说：'姑且抛弃你所学的那套，而按我的话办事。'这样做行吗？而今若是有一块没有雕琢过的玉石，虽然价值昂贵，能值二十万两金，也还是必须请琢玉的工匠进行雕琢。但是要说治理国家，就说：'姑且抛弃你所学的那套，而按我的话办事。'这样与你要琢玉的工匠按照你的办法去雕琢玉石，有什么区别呢？"

孟子主张让一批不平庸的人进入政统、与闻政治，所谓"尊贤使能、俊杰在位"。这样一批俊杰，就是"以仁存心、以礼存心"的贤人。

孟子描绘了这样一个政治模式：上古的禅让终结了，君主一律世袭产生，为政以尧舜为楷模，但如果不及，只要不沦落到桀纣地步，就不能轻言废立，以避免引发社会动荡。在这个前提之下，让一批贤能贤人英雄人物，完成规划、实施仁政治国方略的浩大工程，解决君主平庸少德无才所产生的种种问题。贤人的人格理想永远是"致君尧舜"的周公，而不是尧舜本身；即使真是圣人，如"圣之清者也"的伯夷，"圣之任者也"的伊尹，"圣之和者也"的柳下惠，"圣之时者也"的孔子，他们甚至可以成为"定四海之民"的王者师，也永远不会成为"中天下而立"的王者本身。

孟子的贤人政治虽然还不可能摆脱君主政治的羁绊，但却宣告了贵族政治的终结。贤人是所有阶层的代言人、是所有阶层的守护者。正是这一超然品格使得贤人的执政摆脱狭隘、实现公正，因为这种品格的超然，贤人固然要为"民"请命。民在如狼似虎的君权之下往往成为沉默的弱势群体，孟子更是目睹了升斗小民草芥苟活的悲惨看到他们对仁政的企盼，所以才为生民立命，才说"得天下有道：得其民，斯得天下矣；得其民有道：得其心，斯得民矣；得其心有道：所欲与之聚之，所恶勿施尔也"。

参政的贤人要有仁心，但不一定有仁心的贤人都要参政。孟子曾给贤人下了这样一个定义："居仁由义，大人之事备矣"。可见"仁"和"义"才是贤人的最终标准，这就使得贤人是通过一种内在的品质而和别人区别开来的。多数贤人必然是"可以仕则仕，可以止则止"，融入广阔的民间社会，分布在不同的职业中。但是，只要他深切地关怀着政治的清浊，牵挂着苍生的苦乐，担忧着国家的盛衰，思虑着天下的兴亡，只要他"居天下之广居，立天下之正位，行天下之大道"，就是不折不扣的贤人。

省刑罚

在司法方面，孟子提出了"省刑罚"。这一观点反映在孟子与梁惠王的一段关于战争与政治的关系问题的对话：

梁惠王对孟子说："魏国是当今天下最强大的国家，老先生是知道的。但是到了我在位的时候，东败于齐，长子战死于疆场；西败于秦，强秦掠我河西之地七百里；南辱于楚，襄陵一战，失城八座。我实在感到羞愧，很希望为死难者报仇雪恨，你认为该怎么办呢？"

孟子回答说："方圆百里的小国，实行仁政，就可以称王于天下。君王如果能够对民众实行仁政，减免刑罚，减轻赋税，让民众精耕细作，早早锄草。年轻力壮的人空闲的时候，学习礼仪，懂得孝顺父母，尊敬兄长，忠于国家，守信于朋友，并用这些道德，在家侍奉父兄，在外尊敬上级。这样即便使用自己制造的木棒也能打败拥有坚固的盔甲和锐利刀枪的秦、楚军队。（孟子对曰："地，方百里而可以王。王如施仁政于民，省刑罚，薄税敛，深耕易耨；壮者以暇日修其孝悌忠信，入以事其父兄，出以事其长上，可使制梃以挞秦楚之坚甲利兵矣。"《孟子·梁惠王上》）

孟子建议梁惠王"省刑罚"与当时的时代背景大有关联。

战国时期，各诸侯国相继制定了严酷的刑罚。商鞅等法家提倡轻罪重刑的重刑主义，其重刑理论建立在性恶论的基础之上，主张"刑主赏辅""刑不善而不赏善""轻罪重刑"，以达到"以刑去刑，以杀去杀"的目的。他由此而公然声称："禁奸止过，莫若重刑"，视"重刑"为治理国家和消灭犯罪的最好方法。韩非在总结前期法家的理论和实践的基础上，提出了法、势、术相统一的"法治"思想体系，进一步完善了"严刑重罚"的重刑论，认为对轻罪实行"重刑"符合人们的畏惧心理和利害原则，"民不以小利加大罪，故奸必止者也"。战国时期的刑罚，如车裂、腰斩、刖刑等，都极为残酷。

　　孟子正是针对当时刑罚严苛的局面，提出了"省刑罚""不嗜杀人""罪人不孥"的主张。孟子主张"省刑罚"，既减少刑罚方面的规定，也减轻刑罚的危害程度。"不嗜杀人"即慎重地运用死刑，不依靠杀人来维持统治。特别值得一提的是，孟子提出"罪人不孥"，反对株连，犯罪的人不连累妻室儿女。他提出当时人犯法的原因是衣食不足，无业可守，这样他们救死不遑，哪有功夫去讲礼义呢！因此，孟子认为若使家家的粮食像水那样不缺乏，则老百姓哪有不仁的呢？当时人犯法是由统治者造成的。这一主张贯彻了儒家的仁爱思想，具有进步性，对中国历史和民族文化性格的形成具有重大影响。

　　刑罚是规范秩序的一种重要手段，"省刑罚"会不会出现社会混乱呢？按照孟子的规划，是不存在这样的问题的。因为孟子十分重视教育教化的作用，即使采取刑罚的手段，也是在教后才采用的。不教而杀，是罔民。另外，在《孟子》很多地方都可以看出孟子并不欣赏强力的作用，也不提倡强力，而是对教的作用非常推崇。在讨论"政"和"教"的关系的时候，孟子说："善政不如善教之得民也。善政，民畏之；善教，民爱之。善政是民财，善教得民心。"（《孟子·尽心上》）在讨论以"德"服人和以"力"服人的对比时，孟子说："以力服人者，非心服也，力不赡也；以德服人者，中心悦而诚服也。"（《孟子·公孙丑上》）可见，孟子强调仁义治国，但也不否认法律的作用。在孟子的仁政思想中，并不否定刑罚和强力的作用，但他并没有把它视为得天下治天下的主要措施。

　　"仁政"是孟子思想的核心。孟子的"仁政"主要着眼于调整统治阶级与劳动人民的矛盾。因此孟子论法也是以"仁政"为指导而展开的。

　　总之，我们可以把孟子的政治思想概括为三个方面：重民众、申民心、限君权。

　　孟子政治思想体系的核心是王道政治。孟子要求行仁政，讲民本，其落脚点均在于王道，几乎在他的每一条重要论证中，都明确归结于此："养生丧死无憾，王道之始也"；"黎民不饥不寒而不王者，未之有也"；"保民而王，莫之能御也"（《孟子·梁惠王下》）称王于天下，实现王道，是孟子政治理论的基本目标。为实现这一目标，孟子所提倡的手段，不是"力"，而是"德"，不是通过战争的征伐，而是通过施行仁政以争取民心。孟子说："以德行仁者王"

"以力服人者，非心服也"；"以德服人者，中心悦而诚服也"（《孟子·公孙丑上》）。只要行"仁政"，从而使天下之民"中心悦而诚服"，就会使天下之民自然归顺而成王。所以，孟子反复倡导仁政，就是要求以仁德为手段而成就王业。然而，要使当时的统治者们施行仁政，就必须使他们充分认识"民"的重要地位与作用，唯此，他们才可能接受孟子的仁政说，或进而稍有自觉地推行仁政。正是基于这一要求，孟子才如此不遗余力地宣扬重民、贵民等民本思想。民本、仁政、王道，三者的关系是：民本思想是施行仁政的理论基础；而推行仁政又是实现王道的必要手段；此三者统一的基点或核心是在于"王"，而不在于"民"。通过宣扬"民本"以施行"仁政"，又通过施行"仁政"以实现"王道"，这就是孟子民本思想的实质所在。

第三章　孟子社会经济思想

春秋战国时期，旧的社会经济结构的变动和解体，对社会政治秩序产生了极大的冲击和破坏，形成了"千金之家比一都之君，巨万者乃与王同乐"的社会风尚。而关注庶民百姓的生存条件、生活状态一直是儒家政治思想的重要内容之一。孟子针对当时社会上兵燹不已、战乱不断，庶民百姓"仰不足以事父母，俯不足以畜妻子，乐岁终身苦，凶年不免于死亡"的悲惨局面，提出了"制民恒产""社会分工"等建议，这些建议正是孟子的"仁政"学说在社会经济方面的反映。

制民恒产

制民恒产就是孟子仁政思想实施的第一步。所谓"制民恒产"就是为百姓提供必需的生产生活资料。孟子的政治逻辑就是，治民之要在民事，民事之重在民生，民生之保障在民产，有民产之结果是民心向善，民心向善之结果是便于实行仁政。故使民有固定之民产（恒产）便成为孟子推行仁政的当然要务，这就是孟子所强调的"民之为道也，有恒产者有恒心，无恒产者无恒心。"实行仁政必须从解决棘手的经济问题入手，从解决老百姓的实际生活需要入手。

孟子所主张的"制民恒产"的内容非常丰富，它突破了孟子仁政思想体系的框架而蕴涵着宝贵的思想资源。

具体说来，孟子所主张的"制民恒产"大致包含几层含义：

一是主张给民众百姓以足够的维持生产生活的基本生产资料，使民众百姓能够自觉地依附在土地上，"死徙无出乡。"有了一定的物质基础做保证，才会在此基础上产生良好的道德观念和行为准则，从而保持社会处于和谐与稳定的状态中，若百姓连最起码的生存条件都得不到满足和保障，就会铤而走险，"此惟救死而恐不瞻，奚暇治礼义哉！"

孟子试图从经济生活中去寻找和解释道德意识和观念产生的原因，肯定人们解决吃饭穿衣问题要求的正当性，在一定程度上反映了庶民百姓的愿望，是一种正确的政治思维。孟子的这一表述是在继承其前辈思想家特别是孔子"先富后教"思想及管子"仓廪实知礼节、衣食足知荣辱"思想基础上的升华，是对社会经济发展的一种真实朴素的反映。孟子得出的结论就是：对广大民众百姓来说，有无恒产至关重要，它是决定国家之兴衰、社会之治乱、政治之是非、政权之安危的最重要前提。因此，如何使民众能够拥有恒产就成为孟子实施仁政过程中首先要解决的问题。

"制民恒产"的第二层含义就是在满足民众百姓维持生产生活的基本生产资料的基础上实行一系列政策措施：这些措施具体说就是：

土地政策

所谓土地其实就是孟子所谓的"恒产"。在以农耕为基础的中国社会，土地无论对广大民众还是对国家来说都具有举足轻重的意义。孟子把土地与人民、政事并列为诸侯的三宝，足见孟子对土地问题的重视。孟子主张"百亩之田，勿夺其时，八口之家可以无饥矣"；"不违农时，谷不可胜食也"。孟子认为，为政者只有制定相应的土地政策，才能使民众能够世世代代安心于土地劳作，有了充裕的物质财富，国家才会稳定，君主地位才会巩固。

战国中期，土地兼并激烈，井田制将被自然淘汰，农民丧失土地的现象已很普遍。在孟子看来，这是很危险的。孟子认为，实施仁政一定要从正经界开始，他说："夫仁政必自经界始。经界不正，井地不均，谷禄不平，是故暴君污吏必慢其经界。经界既正，分田制禄可坐而定也。"经界不正，就会导致各种不合理社会现象的滋生及暴君污吏胡作非为、无是非曲直价值标准等混乱局面的出现。因此，正经界是实施仁政之第一要务。经界既正，孟子设想的西周时期实行过的井田制便有了实施的可能，正经界是正井田的基础，正井田是正经界之必然。孟子把三代作为理想盛世，把文王作为圣人，因而对井田制也寄予厚望。

孟子向滕国国君描述了井田制的实施方法："方里为井，井九百亩，其中为公田。八家皆私百亩，同养公田，公事毕，然后敢治私事。"

实行井田制后，每一田园在规制上划分成"井"字形，每"井"九百亩，划分成九部分，由八户农民耕种，收获的时候，四周的八分，分别归八户农民所私有，中间那部分公田，收成归政府所有。公田由八户农民共同耕种，这便是八户农民缴给国家的田赋，所以只收九分之一的田赋。实行井田制，每一户农民都有法定的、归私人长期占有的百亩固定产业，即所谓"民有恒产"。

实行井田制要从划分整理田界开始，田界划分得不正确，井田的大小就不均匀，作为俸禄的田租收入也就不会公平合理，所以暴君及贪官污吏必打乱田界。田界正确了，分配给人民以田地，制定官吏的俸禄，都可以毫不费力地作出决定了。公卿以下的官吏，一定有供祭祀的圭田，每家五十亩，如果他家还有剩余的劳动力，那么每一劳动力再给二十五亩。

孟子所设想的井田制与西周初年实行的井田制已大不相同，带有理想化的成分在内。孟子设计的井田制是以一家一户小农生产为基础的小农经济制度，其政治目的就在于使庶民百姓都能牢牢扎根于土地之上，从而达到"死徙无出乡，乡田同井，出入相友，守望相助，疾病相扶持，则百姓亲睦"的目的，百姓民众才会无衣帛渔肉之忧，送终厚敛之虞。

养老政策

孟子为有恒产者老有所养描绘了一幅绚丽多彩的美好蓝图："五亩田的宅地，（房前屋后）多种桑树，五十岁的人就能穿上丝棉袄了。鸡、猪和狗一类家畜不错过它们的繁殖时节，七十岁的人就能吃上肉了。一百亩的田地，不要占夺（种田人的）农时，几口人的家庭就可以不饿肚子了。搞好学校教育，不断向年轻人灌输孝顺父母、敬爱兄长的道理，头发花白的老人就不必肩扛头顶着东西赶路了。七十岁的人穿上丝棉袄，吃上肉，百姓不挨冻受饿，做到这样却不能统一天下的，是绝不会有的。"（《孟子·梁惠王上》："五亩之宅，树之以桑，五十者可以衣帛矣。鸡豚狗彘之畜，无失其时，七十者可以食肉矣。百亩之田，勿夺其时，八口之家可以无饥矣。谨庠序之教，申之以孝悌之义，颁白者不负载于道路矣。老者衣帛食肉，黎民不饥不寒，然而不王者，未之有也。") 孟子还以文王善养老为例来说明："天下有善养老，则仁人以为己归矣。五亩之宅，树墙下以桑，匹妇蚕之，则老者足以衣帛也。五母鸡，二母彘，无失其时，老者足以无失肉矣。所谓西伯善养老者，制其田里，教之树畜，导其妻子使养其老。五十非帛不暖，七十非肉不饱。不暖不饱，谓之冻馁。" 也就是说，天下有善于奉养老人的人，仁人便把他当作自己要投奔的人了。五亩的住宅地，墙下栽上桑树，妇女用它养蚕，老人就完全能穿上丝棉衣了。养五只母鸡、两只母猪，不错过它们的繁殖时期，老人就完全不会缺肉吃了。一百亩的耕地，由男子耕种，八口之家就完全不会有饥饿了。所谓西伯善于奉养老人，（就在于他）规定了百姓的田亩宅地，教育他们栽桑养畜，引导他的妻子儿女奉养老人。五十岁的人，不穿丝棉就不暖，七十岁的人，没有肉吃就不饱。不暖不饱，就叫挨冻受饿。文王的百姓中没有挨冻受饿的人，说的就是这种情况。这可以说是孟子理想中的大同社会，与《礼记》所描绘的大同社会有异曲同工之妙。孟子对养老政策的描述是中国早期思想家对社会保障制度体系的一种有益探索，对我们今天所实行的养老政策仍具有重大的现实指导意义。

渔业政策

春秋战国时期齐文化最重要的经济特征之一就是倡导渔盐之利。孟子长期游学于齐国，深受齐文化重商思想的熏陶和影响。像充分利用土地一样，孟子主张开放湖泊河塘，"泽梁无禁"，任人捕捞，百姓就会增加渔业产品。为了避免竭泽而渔现象的出现，应制订禁渔措施，如在规定的时间里禁止捕鱼，不得用密网捕鱼等，如果按照这一措施执行，则"鱼鳖不可胜食也"。

林业政策

与土地政策、渔业政策一样，在林业上，孟子也提出了相关的政策。在以（土葬）棺椁为主要安葬材料的古代社会，拥有一定数量的林木就显得非常必要。在孟子的意识中，林木并非永久性资源，不可任意无节制地砍伐，而应按照一定的时令进行砍伐，"斧斤以时入山林，"只有做到循序渐进，林木才有再生长的时间，长此以往，"材木不可胜用也"。材木不可胜用，百姓才能得以厚葬其父母以尽孝道。因为在孟子看来，"养生者不足以当大事，惟送死可谓当大事。"孟子"制民恒产"的几项政策措施可以说是对孔子重民富民政策的进一步细化和深化。

"制民恒产"的第三层含义就是主张发展流通型商业经济和商业生产。显然，这在以小农经济为基础的农耕社会里也是一种非常有远见的思想，同时也表明了齐文化对孟子思想的深远影响。

众所周知，中国是以小农经济为特征的农耕社会，对社会生产一直采取重农抑商的政策。早期法家尽管提出了一系列发展农业生产、促进社会进步的措施，但在对待商业问题上却是相当保守落后的，认为发展商业生产势必会影响和妨碍农业生产的发展。如商鞅所制定的一系列政策，目的就在于逼迫百姓弃商返农。孟子认为，商品只有在流通交换中才能实现其商品价值。孟子主张"市廛而不征，法而不廛"，即在市场上为商人提供存放货的地方，而不收商品税，按规定的价格收购滞销的货物，使之不长期积压；所有的关卡都不抽税，只负责纠察；但"去关市之征"，即对欺行霸市的奸商行为，必须征之关税。这个主张除了有利于发展工商业外，同时也减轻了对小手工业者、小商人的征税，维护了他们最基本的权益。

孟子对流通型商业经济和商业生产的强调，表明在孟子身上，儒家思想已不再是纯粹的不受外在思想影响的儒家，而是为了摆脱困境而不得不调整和改变自身发展方向的儒家，是熔铸了各家各派思想精华的儒家。

民有恒产只是从经济制度上解决了百姓的生产生活资料问题。因为没有恒产，其他一切就根本无从谈起。但如果给了百姓足够的土地，以为从此可以高枕无忧，社会就可以太平无事，就可以顺利推行王道仁政，在孟子看来，这也是不可能的。在制民恒产的同时，还要辅之于取民有制，这一点非常重要。制民恒产与取民有制不是分离的，而是相辅相成的，合则美，分则伤；两者共同构成了孟子仁政思想中的经济利益原则。怎样做到取民有制？孟子有非常明确的主张。

　　孟子反对横征暴敛，滥用民力，主张省刑罚，薄赋税。他希望统治者要"施仁政于民，省刑罚，薄税敛""明君必恭俭礼下，取于民有制"。

　　孟子不同苏秦，苏秦采用的是强征暴敛经济政策，只重视搜刮民脂民膏，不重视培养为国家提供赋税的经济实体。孟子这种以人为本的思想符合当时生产力的发展。只有让老百姓有饭吃、有衣穿，才能让他们为国家创造财富，才能为军队提供士卒，这是提升国力的必由之路。只有人民得到实惠，载富于民，国家自然富强，国库自然充足，才有能力保卫疆土，才有君王和百姓的安全，这是符合辩证法的，也符合经济可持续发展的战略思想。

　　具体措施就是实行什一税制度。孟子认为最理想的赋税当以古代圣君尧舜所实行的十取一税率为法度标准，"什一者，天下之中正也。"在三代时期，土地归国家和王者所有，不准买卖，即《礼记·王制》所谓的"田里不鬻"制度。自春秋以来，铁器的广泛使用使私有土地的存在成为一种现实的可能。各国统治者不得不制定和出台对私有土地进行征税的管理办法。这样一来，实际上是承认了土地私有的合法性。《论语》中就记载了春秋末期鲁哀公与有若的一段对话："哀公问于有若曰：'年饥，用不足，如之何？'有若对曰：'盍彻乎？'曰：'二，吾犹不足，如之何其彻也？'对曰：'百姓足，君孰与不足？百姓不足，君孰与足？'"可见，在土地私有制实行的早期，国家收取十分之二的税率是很高的。孟子反对什二税制度，并从先圣先王那里寻找历史根据，他说："夏后氏五十而贡，殷人七十而助，周人百亩而彻，其实皆什一也。"十分之一的税率比鲁哀公时的税率降低了一倍，这在孟子看来是合理的税率。

　　孟子建议：郊野用九分抽一的助法，城市用十分抽一的贡法。赋税太重，百姓势必辛苦劳动一年，而结果却连父母妻子也养活不了，还得借高利贷来凑足赋税数字，一遇灾荒，难免要老幼弃尸于沟壑。一国之君号称民之父母，因赋敛太重而使民有饥色，野有饿莩，这父母的作用又表现在哪里呢？公卿大夫均有一定的田租收入，子孙相传，这一办法滕国早就实行了，为什么百姓就不能有一定的田地收入呢？

　　税赋征敛关乎国计民生，为各国政治家、思想家所关注。孟子反对重赋，反对名目繁多的苛捐杂税。徭役赋税之征用征收对于国家来说是必不可少的收入，徭役赋税之轻重直接影响到人民的生产生活状况，若徭役赋税过于繁重无度，就会造成"父母冻饿，兄弟妻子离散"的社会恶果；若赋税太低，虽能减轻百姓负担，但难以支付国家机构庞大的经费开支。因此，孟子并不反对民众对国家应承担的正常的赋税义务，并不认为赋税越低越好。他主张征收赋税应保持适中适度的原则，要有节制，要合理、适度，以国家机构能够正常运转为最终依据和标准。因此，当白圭提出"吾欲二十而取一"时，孟子认为这种税率太低，不可取，并斥之为"貉（貊）道"。孟子认为，二十取一，放之貉之国则可，放之中原华夏之地则不可。若一概以二十取一征之，则是"貉（貊）道"也。"今居中国，去人伦，无君子，如之何其可也？……欲轻之于尧舜之道者，大貉小貉也；欲重之于尧舜之道者，大桀小桀也。"

孟子还指出，征收赋税的方式有三种：即征收布帛、征收谷米及征用劳役。贤德之君一般只用其中的一种，若同时用两种，百姓便有冻馁之虞；若同时采用三种，即使父子之亲也难以相顾惜。

可见，孟子是主张把税率限制在民众能够接受能够承受的范围内，使百姓能够满足最起码的生存条件，以达到"易其田畴，薄其税敛，民可使富"的目的。孟子非常重视老百姓的生活并以此为准衡量统治的优劣。减轻人民负担，按自然规律办事，人民就能够丰衣足食，养生丧死无憾。只有达到这个水平，才可以说是"仁政"制度的落实。

从孟子仁政思想中所设定的经济利益原则可以看出，孟子不但为统治者在大政方针上设计了一套治国方略，而且在具体措施上也设计了一系列的治国步骤。不论其所设定的政策原则可行与否，至少有一点是必须肯定的，那就是，孟子的仁政思想在维护现存政权统治的同时最大限度地考虑到了民众的利益，真正体现了"民为贵"的思想，即使在大力提倡构建社会主义和谐社会的今天，仍具有其恒久的思想价值和意义。

"劳心""劳力"

"劳心者治人，劳力者治于人"是孟子针对当时农家代表许行、陈相等人"贤者与民并耕而食，饔飧而治"的主张而提出来的他对于社会分工问题的观点。

许行是农家的首领。陈相见到许行后也完全抛弃了自己以前所学而改学许行的学说。

有一天，陈相去拜访孟子，转述许行的话说："滕君的确是个贤明的君主，不过，他还没有掌握真正的治国之道。贤人治国应该和老百姓一道耕种而食，一道亲自做饭。现在滕国却有储藏粮食的仓库，存放财物的仓库，这是损害老百姓来奉养自己，怎么能够叫做贤明呢？"

孟子说："许行必定亲自种植粟子然后才吃饭吗？"

回答说："是的。"

"许行必定亲自织布然后才穿衣服吗？"

回答说："许行穿粗麻织的衣服。"

"许行戴帽子吗？"

回答说："戴帽子的。"

孟子说："戴什么帽子？"

回答说："白颜色的帽子。"

孟子说："是自己织的吗？"

回答说："不是，用粟交换的。"

孟子说："许行为什么不自己织呢？"

回答说："因为自己织就妨碍耕种庄稼。"

孟子说："许行用锅和甑做饭，用铁农具耕种庄稼吗？"

回答说："是的。"

"这些东西是自己制造的吗？"

回答说："不是，用粟米交换的。"

孟子说："用粟米来交换锅甑和农具的人，并不损害制造陶器和铁器的人；制造陶器和铁器的人，也用锅甑、农具来交换粟米，难道这样交换损害了农夫吗？而且许行怎么不自己制造陶器铁器，而什么东西都储备在家中随时取用呢？为什么这些东西都用粟米与工匠交换呢？许行为什么这么不怕麻烦？"

回答说："各种工匠所做这么多的事，当然不可能同时又去耕种庄稼。"

孟子见时机已到，顺势一枪，直中其要害，说："那么治理天下难道就可以同时又耕种庄稼吗？有'大人之事'即负责治理天下，进行教化的；有'小人之事'即从事于农、工、商的。而且一个人是需要各种各样的生活必需品的。如果每一样东西都必须自己亲自制造，这样干就是率领天下的人疲于奔命。所以说：有的人从事脑力劳动，有的人从事体力劳动。从事脑力劳动的如国君，治理民众，从事体力劳动的民众，被国君所治理。被治理的民众养活别人。治理民众的人被民众所养活。这是天下通行的原则。

"当尧的时候，天下还没有平定，洪水泛滥成灾，野草树木生长旺盛，粮食作物却没有收成，飞禽走兽危害民众，它们的足迹遍于中国。尧独自为此忧虑，推举舜来进行治理。舜任用益为火正之官，掌管火，将山野沼泽用火焚烧，禽兽纷纷逃跑躲藏。禹又疏通九河，使济水、漯水流入大海，挖掘汝水和汉水，治理淮水和泗水，引导它们流入长江，这样中国才能够有条件进行耕种，于是才有吃的。那个时候，禹在外治水八年，三次路过自己的家门也没有进去，他这样忙碌，虽然想去耕种田地，难道可能办到吗？

"后稷教民众种庄稼，栽种稻、黍、稷、麦、菽等五谷杂粮，成熟后，民众就能得到养育了。人之所以是人因为有做人的道德。吃饱饭，穿上暖和的衣服，成天呆着没事干，又不进行教育，就与禽兽差不多了，圣人又对此很忧虑，于是任用契为司徒之官，教育民众，使其懂得人与人之间相处的道德规范和行为准则：父子之间有骨肉般的亲密，君臣之间有礼义作为标准，夫妻之间互相恩爱而又有男女的差别，兄弟之间有尊卑次序，朋友之间有相互信任。尧说：'督促他们，纠正他们，帮助他们，使他们各得其所，然后又提醒他们警觉，并加以教育。'圣人为民众考虑如此周到，哪里还有进行耕种的时间呢？

"尧以不能得到舜作为自己的忧虑，舜以不能得到禹、皋陶作为自己的忧虑。而以耕种一百亩田地并不容易为自己忧虑的是农民。分给别人钱财叫做恩惠，教别人做好事叫做忠，使天下得到出色的人才叫做仁。所以说，把天下让给别人是容易的，而使天下得到出色的人才却很困难。孔子说：'尧作为天子，很伟大啊，只有天最为伟大，也只有尧才能取法于天，尧的圣德广大得无边无际，使民众不知用什么言辞来称赞它才好！舜也是伟大的天子啊！他得到了天子的地位，却并不享受它。'尧、舜这样治理天下，难道不用心思吗？只不过没有用于耕种庄稼罢了。

"我听说只有用华夏的礼仪教化来改变边远的少数民族，没听说过用边远的少数民族的风俗习惯来改变华夏的。陈良原是楚国人，喜爱周公、孔子的学说，从南往北来到中国进行学习，北方的学者，没有能超过他的，他可以称得上是豪杰之士了。你们兄弟作他的弟子已经几十年了，老师死了，你们竟然背叛他！过去孔子死了，弟子们都守丧三年，三年以后各自收拾行李准备回家，向子贡告别，相对而哭，大家都痛哭失声然后才回去。而子贡却回来，在墓旁重新修了一间小屋，一个人在那里又居住了三年，然后回家。过了一些时间，子夏、子张、子游，以为有若面貌与孔子相像，想用尊敬孔子的礼节来尊敬他，而且还勉强曾参也这样做。曾参说：'不行。孔子的志向犹如用江、汉之水洗濯过，在夏天的太阳下曝晒过，没有比他再洁白的了。'而今许行这南方的蛮夷之人，说话怪腔怪调，却来反对先王之道。你背叛你的老师而向他学习，与曾子相比差别太大了。我听说，那鸟只有飞出深暗的山谷而迁往高大的乔木，没听说过离开高大的乔木，迁往深暗的山谷去的。《诗·鲁颂·閟宫篇》说：'戎狄是该攻击，荆、舒是该惩罚。'像楚国这样的国家，周公都要攻击它，你却向许行学习，这真是越学越变坏啊！"

陈相说："按照许行的学说办事，则集市上同一种货物没有两种价钱，国内没有虚假，即使让小孩到集上买东西也没有人欺骗他。布匹、丝织品长短相同价钱就一样；麻绵、丝绵轻重相同，值钱就一样；粮食的多少相同，价钱就一样；鞋的大小相同，价钱就一样。"

孟子说："世上各种东西的质量不相同，这是万物的本性。或者相差一倍五倍，或者相差十倍百倍，或者相差千万倍。你却把它们同等看待，这就会造成天下大乱。质量差的与质量好的鞋同一样价钱，做质量好的鞋的人，难道愿意干吗？按照许行的学说办事，是率领大家去干弄虚作假的勾当，哪里能治理好国家呢？"

许行把当时的社会问题的出现都归咎于社会分工，认为"贤者与民并耕而食，饔飱而治"是解决社会矛盾的最佳办法。他不仅从理论上这样认为，而且还身体力行地进行实践，率领弟子"衣褐，捆屦，织席以为食。"他的这种观点和做法怪异而新鲜，吸引了不少人，就连一向奉行儒家学说的陈相兄弟也从宋国赶来滕国，成为许行的门徒。许行等人主张"贤者与民并耕而食"的理想，主张"不劳动者不得食"，表现了对远古时期人与人之间原始平等关系的憧憬和向往，这是完全正确的。但是，他把"社会分工"也反掉了，这显然与社会发展的一般进程相背离。正如马克思所指出的那样："人是最名副其实的社会动物，不仅是一种合群的动物，而且是只有在社会中才能独立的动物，孤立的一个人在社会之外进行生产——这是罕见的事，偶然落到荒野中的已经内在地具有社会力的文明人或许能做到——就像许多人不在一起生活和彼此交换而竟有语言的发展一样，是不可思议的。"

孟子的主张与许行的针锋相对。孟子用社会分工观点驳斥许行的"君民并耕"之说，认为许行单靠自己的劳动成果仍然不能生活，必须用粟去换"釜甑"来做饭，必须买衣服、帽子以御寒，还必须买铁制农具才能进行生产。人在社会上，必须交换各人的产品，才能生活下去。孟子列举了古代一些圣贤者因为忙于公共事务，根本无暇耕种的实例，证明以许行为代表的农家学派反对分工的想法严重脱离实际，造成了整个社会"相率而伪"的后果。如按许行之论，各种货物之间不存在差别，不但违反了经济规律，而且破坏了社会生产的发展，是"乱天下"的根源。孟子举例说，尧舜、禹契、农夫作为劳心者、劳力者各有其所思所为，"尧以不得舜为己尤（忧），舜以不得禹皋陶为己尤（忧），夫以百亩之不易为己尤（忧）者，农夫也。"只要双方各安其位，互不纷扰，就会呈现一幅治世的图景："世之治也，君子尚能而让其下，小人农力以事其上。是以上下有礼而谗慝黜远，由不争也，谓之懿德。"如果打破了双方的界限，就会是一幅乱世的景象："君子称其功以加小人，小人伐其技以冯君子，是以上下无礼，乱虐并生，由争善也，谓之昏德。国家之敝，恒必由之。"

因此，评价治国贡献之大小在劳心，而不在劳力，"尧舜之治天下，岂无所用其心哉？亦不用于耕耳"。孟子使用了自己一贯擅长的推谬手法，一问一答，把许行及其门徒的做法推到了极其荒唐的程度，迫使陈相承认"百工之事固不可耕且为也"，实际上就承认了社会分工的合理性。

在漫长的原始共产主义社会，社会生产力水平极端低下，没有政府，没有官吏，没有道德规范和礼仪制度，一切都处于原始共有的分配关系中。随着早期国家形态的产生，社会内部结构变得日益复杂起来，生产力的进一步发展导致了社会分工的出现，而社会分工的出现又促进了生产力的发展和社会的进步。社会上出现了一批专门从事脑力劳动的"劳心者"，显而易见，如果没有社会大分工，就不可能有人类历史的大发展。尽管人类社会的分工经历了一个漫长的历史演进过程，但真正引起政治家、思想家们的关注和探讨则是在春秋战国时期。当时已有大量的言论出现，只是不系统、比较散乱而已，表明对社会分工这种现象的认识很早就进入了我国思想家的认知视野。孟子在继承、借鉴以往思想家社会分工理论的基础上，根据变化了的社会现实重新提出这个问题，增加了自己的理解，赋予了这一问题更深的含义。

孟子所谓的"劳心者"主要是指忧国忧民的圣人及具有社会管理才能的执政者，而"劳力者"则是指以农业劳作为主的广大民众。劳心、劳力是当时社会上十分流行的话语，把人类劳动的性质按劳动形式的不同划分为劳心者和劳力者，就像我们现在把劳动划分为脑力劳动者和体力劳动者一样，二者虽名异而实同。由于当时一些思想家看不到人类社会分工的必然性，无法解释人类社会出现的种种不合理不平等现象，因而把这一切归之为生产力的提高、文明的存在及社会分工出现的结果，主张回归到原始的没有等级差别的社会状态中。道家的代表人物老子是这样，农家学派的代表人物许行也是这样。

在中国思想发展史上，孟子第一个从生产力发展与产品交换的角度论证了劳心者（脑力劳动者）与劳力者（体力劳动者）社会分工的必要性，揭示了社会发展的一般现实状况，并从其各自不同的特征上做了相应的制度规定。这是对殷周以来实行的既不劳心也不劳力的世卿世禄制度的一种反动，适应了战国时期列国竞争、大量延揽人才的社会趋势，推动了社会历史的向前发展。孟子较早地揭示了阶级社会所具有的一般规律,看到了社会分工现象的普遍意义,因而孟子的这一思想对中国思想的发展是一个重要贡献。我国著名历史学家范文澜对此有一重要评价:"孟子一生辩论,影响最大的在于辟杨墨,但有较多进步意义的却在辟许行。"范文澜充分肯定了孟子在批判许行小农平均主义思想过程中所展示出来的关于社会分工思想的重要价值和社会意义。

但是,孟子的社会分工理论并非完美无缺,其所具有的历史局限性也是不争的事实。按照孟子的理论,劳心、劳力所从事的社会分工、各自所具有的社会职责是永恒不变的,它们各自的分工不能互相替代。但是,劳心、劳力所从事的社会分工、各自所具有的社会职责具有永恒的意义并不等于说劳心者、劳力者的社会地位具有不可替代性,孟子显然混淆了这两个不同性质的问题。孟子还以社会分工存在的必然性来证明社会等级制度存在的合理性,认为社会划分为不同等级具有普遍永恒的意义,是"天下之通义"。社会分工本身就是一种社会等级形式的体现,它严格确定了社会各成员在社会政治体系中的身份和角色,如马克思所说:"中世纪各等级的全部存在就是政治的存在,它们的存在就是国家的存在,……她们的等级就是她们的国家。"对社会等级制度,孟子不但予以肯定,而且还从社会分工存在的必然性来证明社会等级制度存在的合理性,认为社会划分为不同等级具有普遍永恒的意义。在孟子看来,社会唯有实行等级制度,上下各安其分,各司其职,社会才会和谐稳定,理想和谐有序的社会才会建立起来。在这里,孟子把经济学意义上的社会分工与政治学意义上的社会等级制度混同起来,并进而由社会分工的必要性论证社会等级的合理性,以维护社会等级制度,这是孟子关于社会分工理论的历史局限。

第四章　孟子哲学思想

　　孟子的核心思想是仁政。仁政思想是一种政治理论，也是孟子的思想偏好。在纵深的层次上，仁政思想有其哲学的依据，它是建立在对人的本质做出价值判断的基础上的。这一哲学基础就是"性善"论。

性善论

　　关于对人性的探讨，孔子早说过，"性相近也，习相远也。"（《论语·阳货》）孔子之后，讨论人性问题的人多了起来，"周人世硕以为人性有善有恶……宓子贱漆雕开，公孙尼子之徒，亦论性情与世子相出入，皆言有善有恶"。（《论衡·本性》）与孟子同时的告子则主张"性无善无不善"之说。孟子根据孔子的性说加以发展，首创人性皆善的理论。

　　孟子认为耳目等五官只能感受外物，耳之于声，目之于色，鼻之于臭，口舌之于味，这些外在的声色臭味，就会引诱感官去追求。因为这些感官不能思考、判断，所以往往会为外物引诱，这就是"蔽于物"。五官之外，还有更重要的器官，这就是"心"。心的作用是"思"，经过思考就能做出是非正确与否的判断。"是"的就去追求，就去做；"非"的则当摒弃。"心"是主宰、主体。这是"天"赋予人的特性，所谓"天性"。孟子认为人皆有"恻隐之心""羞恶之心""恭敬之心""是非之心"。他说："恻隐之心，仁也；羞恶之心，义也；恭敬之心，礼也；是非之心，智也。（《孟子·告子上》）

　　这四心是为四端，"非由外铄我也，我固之有也"。（《孟子·告子上》）既然如此，人们就没有必要向外寻求了，因为"四心"发自人的本性。但是这"四心"

也常常会被蒙蔽，"山径之蹊间，介然用之而成路。为间不用，则茅塞之矣。"（《孟子·尽心下》）因而要时常自省，且寡欲，以保持本心不被蒙蔽。

孟子所指的性善，不是生而即有的全部，他去掉生理的欲望，只指心的作用，这是我们理解孟子性善之前必得明确理清的。孟子所指"性"的范畴是善心，善心则源自于"四端"。尤其要注意"端"字，端是一小小的源头，未扩充之前它是微而不易见的，所以孟子说："人之所以异于禽兽者，几希。庶民去之，君子存之。舜明于庶物，察于人伦。由仁义行，非行仁义。"在此意义上，"性"是一个接近于本性、本质的概念。孟子所谓的"性善"，当然不仅是说人的本性是善的，而且进一步指人人皆有向善的内在能动的主体性。这种向善的内在能动的主体性通过人的心理情感而显现出来，是从人的现实的心理情感展示出人的先在的向善之性，认为只要是人，就内在必然地具有向善的能力。"性善"是人之所以为人、兽之所以为兽的本质区别。

当人看见一个三四岁的小孩，在井边爬行，快掉进井中时，来不及考虑是谁的孩子，也来不及考虑其他的一切，总是首先向前去抱着孩子，免得他掉入井中。孟子称这是"不忍人之心"。现在一般说是"同情心"。孟子讲性善从"不忍人之心"，就人心上立论。这就高出于告子从"食色"动物性上立论，也高出于荀子从感官上论证性恶。人有眼耳鼻舌口等感官，可以感知色、声、香、味等。但人还有更重要的器官，即"心"。

人性既然是善，为什么人会为恶？恶从何而来？孟子曰："乃若其情，则可以为善矣；乃所谓善也。若夫为不善，非才之罪也。"孟子强调人的本性存在先验的"善"之同时，认为人之所以会有不善是由两方面原因造成的：一是外界影响；二是人自身是否有向善的主观愿望。人固有的善心，因不知运用"思"的作用，而亡失了本心，所以"为不善，非才之罪也"。有的人能够扩充它，加强道德修养，有的人却自暴自弃，为环境所陷溺，这就造成了人品高下的不同。"无恒产而有恒心者，惟士为能。若民，则无恒产，因无恒心；苟无恒心，放辟邪侈，无不为已。"由于外部环境和经济条件的恶劣，一般人民即丧失人常有的善心，进而"放辟邪侈，无不为已"，恶由此产生。所以"明君制民之产，必使仰足以事父母，俯足以畜妻子；乐岁终身饱，凶年免于死亡。然后驱而之善，故民之从之也轻。"如果人们温饱的问题得到解决了，不但是王道之始，而且是向善之始。

一个人如果不愿意向善，那就是"自暴""自弃""自贼"。为了使人的"善性"能够保存和扩展，孟子提出了一整套修身养性的功夫，这其中既包含他的认识论，也包含了他的道德哲学。那么，如何修身养性？孟子要求做到三点：寡欲、存夜气、求放心。孟子曰："养心莫善于寡欲。其为人也寡欲，虽有不存焉者寡矣；其为人也多欲，虽有存焉者寡矣。"寡欲的目的，在于先立于善心，由善心来做主，合理的满足耳目之欲，而不是由口鼻耳目四肢之欲做主，任其泛滥。孟子所言之"气"即是"夫志，气质之帅也；气，体之充也。"（《孟子公孙丑上》），即是浩然之气。修身养性就是养气，养气就是养心。养心以至于"善养吾浩然之气"的境界，便是"充实之谓美"。在志的安排下养浩然之气，则行无不慊于心，善端也自然的发扬光大，最后就能达到天人合一的境界了。孟子曰："生，亦我所欲也，义，亦我所欲也；二者不可得兼，舍生而取义者也。"舍生取义就是人之所以为善的最高境界，此谓真正的大丈夫。这一观点论述了人的品德有无限提高的可能性，也指出了通向儒家理想人格的道路。

人的本性与生俱来就是善良的、美好的、清净光明的，没有任何的污垢，只要顺其自然发展，就会不断发挥善性。帮助别人，鼓励他人，赞叹他人，都是一个美好本性的发现。孟子的为善，是反求自己内在的良心本心，是存养自己的仁义之心，依其内在能动性而扩充而生长。孟子的为善承续向善，是人心向善的自觉，是"由仁义行，非行仁义"。他所构建的是一个纯粹的道德世界。人们善良的表现各有不同，有的相差五倍，或者相差更多，这就是没有充分发挥他们的天赋与才能，不能扩展心灵知觉达到至善的境界。就如植物得到滋养才能生长，失去了滋养，就会死亡。这本有的知，天然的能，都是性本善的最好体现。

当社会生活平稳发展，伦理心境与其没有大的冲突的时候，良心本心出场，只要听它的话，就是善，就是好；如果社会有了很大发展，伦理心境已大大落后于社会本身，再一味听从良心本心的指挥，必然陷于保守。性善是一个实践的理念，也即一种目的性的善，它是建构生活本身的一种方式，一条道路，一种方向。"学问之道无他，求其放心而已矣"。由此，性善不是为了论证人是善的，而是指出人走向自身存在的道路。善之为善，人之造化也。

性善论是从正面直接规劝人们从善去恶，阐发人人心中均有仁义礼智四端，扩而充之，不断发展，就可以成为善人。但是伦理心境和良心本心有容易陷于保守性的缺点，就可能将新事物扼杀在摇篮之中。如果说良心本心就是天理，那么天理就不能变更，一切以良心本心为依据，结果只能走向事物的反面：以理杀人，保守落后。要克服伦理心境的保守，必须有智性的参与。

孟子所提出"性善论"思想，具有鲜明的时代特点和广泛的理论兼容性：

"性善论"中，"善"是一种分阶层的价值体系，具有普遍社会一样的较强兼容性。在"性善论"思想体系中，我们可以把"善"分为三个层次来理解。第一，"善"首先指的是仁、义、礼、智诸德行以及符合真义价值体系的德行；第二，"善"指的是人的优秀性和道德优良性。第三，"善"指的是一种能够满足人们需要的价值追求。从中我们可以看出，"性善论"的第一层社会意义是基础，仁义道德是唯一的"善"，其他的"善"只能是对它的引申、补充。第二层内涵是对第一层的补充，仁义礼智之所以谓"善"，是由于它是人类的优秀性和应具德性。由于它，人才与禽兽动物区别开来。第三层是对前两层的引申拓展，道德之所以是善，是因为它能够给人们带来实际的利益，满足人们的需要。

"性善论"思想强调自身的学习和修养，重视社会环境对人的作用。"性善论"在强调人的本性存在先验的善的同时，也强调社会环境对自身主观愿望的想像。"性善论"认为人有不善的原因是受外部环境和自身主观愿望的影响，为了能使人的善性得到保存和发展，"性善论"特别强调道德修养，存心养性，"尽其心者，知其性也；知其性，则知天矣"。道德修养从良心、善端开始，向着仁义礼智诸善德和君子圣人的人格这一目标迈进。尽心知性，存心养性是完成这一目标的具体方法。

"性善论"思想强调社会要有规范的秩序和伦常，带有阶级色彩。在孟子之前，孔子已经提出了"君君臣臣，父父子子"的宗法思想，君臣父子关系被认为是统治中不可缺少的"大伦"。孟子继承了这一思想，把君臣父子关系依然看作是最根本的二伦，并进一步提出了"人伦"的概念。孟子认为"人伦"是人的本性，是人与禽兽相区别的本质特征，"人之所以异于禽兽者几希，庶民去之，君子存之。舜明于庶物，察于人伦，由仁义行，非行仁义也"。"性善论"强化了孔子的宗法理论，说明了人之所以成为人和人的价值所在。

将人性善的理论推广到政治领域，就是"仁政"的学说，这是孟子思想的核心。他说："人皆有不忍人之心。先王有不忍人之心，斯有不忍人之政矣。"即先王有同情他人的善心，所以才实行爱护百姓的"仁政"。对于统治者来说，在进行政治统治的时候，之所以能够实行仁政，是因为他有人人皆有的"恻隐之心"。如果君主把四心扩充，"苟能充之，足以保四海"。

"性善论"作为儒家思想的重要组成部分，被历代的封建统治者大加利用。可以说它贯穿了中国两千年来的思想史。中国历代的儒家圣人基本都持人性本善的观点。孟子之后，汉董仲舒认为善与性有一定距离，但他并不否认人人都有善端："人受命于天，有善善恶恶之性，可养而不可改，可豫而不可去。"宋代理学家朱熹增加了天命之性与气质之性的二分说法，但天命之性本善却是根本。所谓天命之性是"理""理则无有不善"，而气质之性则"一本而万殊"，以此补充孟子人性本善的不够全面之处，如他所说："孟子说性善，他只见得大本处，未说得气质之性细碎处。"明代大儒王阳明虽为心学家，但也认为"心也，性也，天也，一也""性无不善，则心之本体，本无不正也"。由此，儒家学说虽历经两汉经学，宋代理学，明代心学的变迁，但儒学者在"人性本善"的倾向上却没有改变。宋代《三字经》开篇就将"性善论"概括为"人之初，性本善"，并将其作为儿童的启蒙读物，可见从宋开始，"性善论"不仅为士人所接受，并已深入一般民众的心里，进一步形成了价值意识形态。这种价值意识形态可以说一直延续到我们现在所处的社会里面。在我们现在所接受的教育里面，虽然我们没有经历以往那种对儒家"独尊"的教育制度，但在小学或在入学教育前的阶段，我们都会自觉不自觉的灌输给孩子们一些"人之初，性本善"的知识。也包括教育者本身，也是接受这样的教育过来的。

天道观

孟子哲学思想的最高范畴是天。孟子继承了孔子的天命思想，剔除了其中残留的人格神的含义，把天想像成为具有道德属性的精神实体。他说："诚者，天之道也。"孟子把诚这个道德概念规定为天的本质属性，认为天是人性固有的道德观念的本原。孟子的思想体系，包括他的政治思想和伦理思想，都是以天这个范畴为基石的。

孟子认为天与人二者是相通的，天是万事万物的主宰，人事的一切，无论是政治制度、道德原则、社会历史发展还是个人的穷通祸福，都是由天来决定的。人，不仅善性来自天赋，而且人心的思维功能也是天所赐予的。

孟子引《诗》说："天生蒸（众）民，有物有则。"又引《书》说："天降下民"，又引伊尹的话："天之生此民也"，这些话都是说，人民是由造物主的天创造出来的。孟子说："莫之为而为者，天也。"即天有超人的力量。他认为人间的秩序是由天安排的。统治人民的国君，就是天的儿子，即天子。天子是上帝的助手或代表。国君是由天选择的。"天子贤则与贤，天与子则与子"。因为准备即位的国君的儿子"贤"与"不肖"都是由天决定的。他说："其子之贤不肖，皆天也。"天具有不可抗拒的力量，"顺之则存，逆之则亡"。国君就只有"乐天"（即顺着天理），和"畏天"（即敬畏天理），才能保持自己的统治地位。如果不这样，就要遭到天的惩罚。商汤、伊尹诛杀夏桀，就是所谓顺天命而诛杀的，所以叫做"天诛"。

从以上看来，孟子的天道观应是客观唯心主义的，与夏、商以来传统的天道观是一致的。在原始社会，人们对大自然的现象不能正确认识，就产生了天命思想。早先天人之间的关系是由巫来沟通的。巫用跳舞来降神。《说文》解释巫说："祝也，女能事无形以舞降神者也。"随着我国古代进入阶级社会以后，天命思想就打上了阶级的烙印。地上的君主被认为是天（即上帝）的儿子，代表天的意志来统治地上的人民。

但是，必须注意到孟子的天道观与传统的天道观并不完全一样。孟子一方面强调"天意"，同时另一方面又强调"民意"。

孟子认为君权是天授的。天怎样把权授予国君呢？孟子说，天子不能把天下让给别人，而只能向天推荐自己认为是适合继承天子之位的人，同时被推荐的人还必须得到民意的认可。然后这人才能继承天子之位。所以说天子的职权是"天与之，人与之"。比如尧舜之间君位的变动，就不是"尧以天下与舜"，因为"天子不能以天下与人"。尧把天子之位让给舜，必须符合天意，所以是"天与之"。

但是，天不说话，怎么才能知道是否符合天意呢？于是孟子提出他的理论，天意是"以行与事示之"。孟子认为，天子可以推荐继承人给天，这里，传说中的尧舜禅让被他引为典型。孟子说："尧荐舜于天而天受之，暴之于民而民受之。"所以天位的授受必须满足两个条件：即一方面是"天与之"，另一方面还要有"人与之"。"天与之"表现在"使之主祭而神享之"；"人与之"则表现在"使之主事而事治，百姓安之"。然而前一个标准多少是空洞的。这里孟子对天上的事物做出了地上的解释，他引《太誓》说："'天视自我民视，天听自我民听'，此之谓也"，赵歧《注》："言天之视听，从人所欲也。"可见两条标准之中的"天与之"，归根到底还是由"人与之"来决定的。

可见，虽然孟子仍未完全摆脱传统的天命思想的束缚，但在天命思想中特别强调了"民意"的重要性，代表这一历史时期的新潮流。"民意"在孟子的思想里有时甚至超过了"天意"。这是西周、春秋以来重民轻天思想的进一步发展，在当时是十分进步的。我们应该给予充分的肯定。

孟子思想中既保留有天命论，同时又主张发挥人的主观能动性。孟子认为"天"对于人有着不可抗拒的力量。同样，命也如此。他说："莫之致而致者，命也。"这和他对天的提法是一样的。因此，他天命论的思想是明白无误的。孟子说："夭寿不贰，修身以俟之，所以立命也。"又说："君子行法，以俟命而己矣。"这是说，一个人的寿命完全是由天来决定的，自己只有消极等待命运的安排。一个人政治上的遭遇也是这样，是否能做官，做什么样的官，这些都是由天安排的。孟子的学生乐正子为鲁侯所重用，孟子以为很有希望在鲁国推行他的主张，但是，鲁国却取消了接见他的决定。孟子便叹息说："非人所能也，吾之不遇鲁侯，天也。"孟子的天命论中有所谓"分定"说。他说："广土众民，君子欲之，所乐不存焉；中天下而立，定四海之民，君子所性，虽大行不加焉，虽穷居不损焉，分定故也。"所谓"分定"，就是一个人所得之于天的性分是有一定的。也就是说，天使人与人之间的地位有所差别，每个人在社会上的地位是由天意安排的，所以只能安分守己。

但是，孟子决不完全是一个天命论者。他的民意思想在逻辑上必然要求发挥人的主观能动性。孟子说："祸福无不自己求之者"，即灾祸与幸福没有不是自己寻求来的。他引《大甲》说："天作孽，犹可违（避），自作孽，不可活（活，逭的假借字，逃也），此之谓也"，意思是说，天降的灾祸还可以躲避，自作的罪孽，要逃也逃不了。孟子还说："夫人必自侮，然后人侮之；家必自毁，而后人毁之；国必自伐，而后人伐之。"再如，孟子在讲"天时""地利""人和"三者关系的时候说："天时不如地利，地利不如人和。"这些都极明显地在强调人为努力的重要。孟子还说："欲贵者，人之同心也，人人有贵于己者，弗思耳。人之所贵者，非良贵也。赵孟之所贵，赵孟能贱之。"孟子认为，别人使自己尊贵，也就能够使你再卑贱。只有自己发挥主观能动性，通过自己的努力，所得到的尊贵的地位，这才是真正的可贵。这里他就摆脱了天命论的束缚。这些地方所讲的天与人的关系，他都能重视人的主观能动作用，而把天命放在一个从属的地位。

但是，孟子强调发挥人的主观能动性带有极大的局限性。孟子引《诗经·大雅·文王》说："永言配命，自求多福"，教导人们永远要与天命相配合，自己去寻求更多的幸福。这是要求人们在不违反天命的大前提之下去发挥人的主观能动性。他说："求则得之，舍则失之，是求有益于得也，求在我者也。求之有道，得之有命，是求无益于得也，求在外者也"（《尽心上》）。发挥主观能动性去追求，这还只是内在的条件，至于能否达到目的，尚须取决于外在的条件，这时天命就是决定的因素了。任何人间的事物总是有主客观或内在外在双方的条件的，在这一点上孟子的看法有其合理性，并且比孔子以来的早期儒家有着更深刻的理解和发挥。

《孟子》中有这样一个故事：滕文公听说齐人将筑薛，威胁滕国，滕文公很害怕，就请教孟子该怎么办？孟子强调要发挥主观能动性，劝说滕文公"强为善而已矣"，即主观上努力实行"仁政"，而不管齐人筑薛的事。但这样做的结果，孟子却认为："若夫成功则天也。"即经过主观努力之后，究竟是否能成功，最后还得依靠天命。

又如，孟子曾标榜："不怨天，不尤人"，但他在齐国不能实现其政治主张，决定要离开齐国的时候，就大谈其天命，说是什么"天不欲平治天下"。这里就暴露出孟子讲发挥人的主观能动性这一理论的不彻底性。他在这个问题上是动摇的，妥协的。当不能达到目的的时候，他就再不肯"不怨天，不尤人"，而是抬出天命来，把决定权最后又委之于天命。

　　孟子有一段常常为后人引用的名言:"天将降大任于是人也，必先苦其心志，劳其筋骨，饿其体肤，空乏其身，行拂乱其所为，所以动心忍性，曾益其所不能。"(《孟子·告子下》) 这里讲的是，要成为一个伟大的人物就必须先经历种种锻炼和波折。这段话鼓励人们努力奋斗、发愤图强，激励过许多后代伟大的人物。但是，孟子讲这段话却是有前提的，那就是主观能动性的发挥，必须是以"天将降大任于是人"为条件的。如果不是上天想要使他成为一个伟大人物的话，那么无论怎样发挥其主观能动性，经受什么锻炼和波折也终于还是无济于事的。这里又从主观能动性跑回到天命论去了。

　　但是另一方面在认识论上，讲到心的作用问题时，孟子却又把主观能动性过分夸大，成为主观唯心主义的论据。

　　因此，我们对孟子应该采取具体分析的态度，必须具体分析孟子思想中主观、客观二者的相对地位及其相互关系。他首先强调人的主观能动性，但这个主观能动性的发挥却最终要受到天命的制约。无论如何在当时的历史条件下，孟子强调人的主观能动性，是有其积极意义的。它是对古代传统天命论的一次重大突破。

　　从上可见，孟子的天道观浸沉着一种深深的矛盾。他一方面保留了唯心主义的"君权神授"的思想，另一方面又强调"民意"的重要。他一方面鼓吹天命论，另一方面又强调主观能动性。这种矛盾在逻辑上就发展为他的"尽心""知性""知天"的"天人合一"的思想。

　　孟子说:"尽其心者，知其性也。知其性，则知天矣。存其心，养其性，所以事天也。"(《孟子·尽心上》) 这是指能够守住行善的本心，培养那种本性是善的性，这样的人就和天的道理相符合，所以就能事奉天了。这个过程是: 从"尽心""知性"到"知天"; 从"存心""养性"到"事天"。"尽心""知性"和"存心""养性"，都属于发挥人的主观能动性。而"知天""事天"则是最终达到"天人合一"的神秘境界。这种"天人合一"的思想，是孟子调和客观唯心主义与主观唯心主义的产物。

　　"尽心""知性""存心""养性"的目的都是为了"知天""事天"。孟子还认为，进行思考的"心之官"是"天之所与我者"。即天是不依人的意识而存在的神秘观念，由它产生了物质世界，其中包括产生人及其能思维的器官。从这方面看，孟子是个客观唯心主义者。

但是，从"尽心""知性""知天"三者的关系看，孟子又强调的是"尽心"，认为"尽心"是"知性""知天"的根本。清代的戴震解释孟子的"尽心"，讲得很好。他说："天人道德，靡不豁然于心，故曰尽其心。"(《孟子字义疏证·原善》卷上) 显然，孟子这里片面地夸大了"心"的作用。以为只要"尽心"就可以"知天"，也就是片面地夸大了人的主观能动性。他没能正视和认识物质条件和客观规律的作用。从这方面看来，孟子又是一个主观唯心主义者。

孟子"天人合一"的思想来源于子思。子思最先提出"诚"作为沟通天人的桥梁。子思说："诚者天之道也，诚之者人之道也。诚者不勉而中、不思而得，从容中道，圣人也。"(《礼记·中庸》第二十章)"诚"就是天道，努力去把握"诚"则是人道，达到"诚"的人，不需要"思"和"勉"，就能够"从容中道"成为圣人。圣人就是具有"诚"的人，也就是达到了"天人合一"境界的人。孟子说过："诚者天之道，思诚者人之道也。"(《孟子·离娄上》) 可见，孟子直接继承了子思，并且又进一步着重提出了"思诚"。《孟子正义》引赵氏佑《温故录》说，这是孟子"明示人以反求诸身为诚身之要"。这就是说，"诚"是人的主观精神。它是世界上第一位的东西，没有它，世界就没有意义了。由此看来，孟子最终还是一个主观唯心主义者。

总之，孟子的天道观是唯心主义的。但其中并不排斥一些积极成分。比如在天意和民意的问题上，孟子曾强调过民意的重要性；在天命论与主观能动性的问题上，孟子又注意到发挥人的主观能动性；还有，孟子所说的天，有时也是指自然之天，这些都应该给予一定程度的肯定。

第五章　孟子教育思想

　　孔圣人"弟子三千，贤人七十"，自办教育在当时已达到了相当的规模，开了几千年民办教育的先河。尤其是"有教无类"的光辉思想，真的犹如甘霖，滋润着几千年的中华文化，成为人类教育的共同财富。

　　亚圣孟子一贯以孔子的正统继承者自居，他的教育贡献也是无与伦比的。他不仅授徒讲学，培养出了乐正子、公孙丑、万章等优秀的学生，还与弟子一起著书立说，著《孟子》七篇，留给后世。犹如绵绵春雨，普降于漫漫的历史文化中。至今，我们仍在受其滋养。

教育思想基础——性善论

　　性善论是孟子哲学思想的重要内容，也是其论证教育基本问题及阐述教育教学原则、方法的理论基础。

　　春秋时期，孔子提出"性相近也，习相远也"（《论语·阳货》）的观点。于是，在先秦诸子和百家争鸣之中掀起了一股讨论人性问题的热潮。人性善恶问题是一个热点和重要内容，孔子并没有明确表态人性是善还是恶。孟子将孔子"性相近"的观点发展为性善论，沿着这个基本方向，他系统地提出了"道性善"的学说，奠定了其教育思想的理论基础。

　　他认为人的本性是善的。人生而就有"不学而能"的"良能"和"不虑而知"的"良知""孩提之童，无不知爱其亲者；及其长者，无不知敬其兄者。亲亲，仁也；敬长，义也；无他，达之天下也。"（《孟子·尽心上》）因此，他认为："恻隐之心，人皆有之；羞恶之心，人皆有之；恭敬之心，人皆有之；是非之心，人皆有之。"（《孟子·告子上》这四种心，都是人天生所固有的，还给人的善本性，作了内涵上的规定，"恻隐之心，仁之端也；羞恶之心，义之端也；辞让之心，礼之端也；是非之心，智之端也。人之有是四端也，犹其有四体也。"（《孟子·公孙丑上》）这里所谓的"四端"或者说"四德"即"仁义礼智"是人善性的集中体现"。在他看来，这种善性是人所固有的，并不是外界的赐予，"仁义礼智，非由外铄我也，我固有之也，弗思耳矣。"（《孟子·告子上》）

扩而充之，人皆可为尧舜。虽然人人都有善端，"人性之善也"，但是如果不扩充它，那么这些端绪就会随时泯灭，"可使为不善也"。"求则得之，舍则失之。"（《孟子·告子上》）并说明了扩充善性对社会的重要性，"苟能充之，足以保四海；苟不充之，不足以事父母。"（《孟子·公孙丑上》）孔子曾说："生而知之者上也。"（《论语·季氏》）认为只有圣人才有"生知"。然而孟子则认为天下之人皆有"良知""舜，人也，我亦人也""何以异于人哉？尧舜与人同耳。"（《孟子·告子下》）"圣人，与我同类者。"无论圣人、凡人，"口之于味也，有同耆焉；耳之于声也，有同听焉；目之于色也，有同美焉，至于心，独无所同然乎？心之所同然者何也？谓理也，义也。圣人先得我心之所同然耳。故理义之悦我心，犹刍豢之悦我口。"（《孟子·告子上》）意思是说，"圣人之所以为圣人不过是把人所固有的善端加以扩充而已，如果凡人也能将固有的善端加以扩充，也可以成为圣人"。

那么，如何充分扩充人的善端呢？孟子认为有客观和主观两个因素。孟子说，水向下流是水的本性，但是："今夫水，搏而跃之，可使过颡；激而行之，可使在山。是岂水之性哉？其势则然也。人可使为不善，其性亦犹是也。"（《孟子·告子上》）人也同样如此，"富岁，子弟多赖；凶岁，子弟多暴，非天之降才尔殊也，其所陷溺其心者也。"（《孟子·告子上》）同样的子弟，在丰年和凶年表现不同，并非其天性不同，而是由于不同的可观环境造成的。当然，他又认为主观因素起决定作用，"舜之居深山之中，与木石居，与鹿豕游，其所以异于深山之野人者几希；及其闻一善言，见一善行，若决江河，沛然莫之能御也。"（《孟子·尽心上》）舜所处的环境和深山野人几乎没有什么不同，他之所以能成为圣人，是因为他有如决江河、沛然莫之能御的积极向善的主观努力，而野人屈服于恶劣环境，缺乏积极向善的主观努力，其固有的善端不能加以扩充，"自暴自弃""言非礼义"，使"善端"遭泯灭，走上"为不善"的歧途，最终不能养成良好的道德品质和人格，不能成为圣人。

如何才能把生而就有的"善端"变成现实的伦理道德呢？他的"人性之善"与生俱来的观点，为其教育思想的可能性奠定了基础；而他的人性"可使为不善"的观点，则为其教育思想的必要性奠定了基础。"孟子主张用通过教育的途径来扩充先天的'善端'"。因此，性善论是孟子教育思想的理论基础。

教育目的——明人伦

孟子从他的政治思想和"性善"论的哲学思想出发，提出教育目的主要是"明人伦"。孟子说过："设为庠序学校以教之。庠者，养也；校者，教也；序者，射也。夏曰校，殷曰序，周曰庠，学则三代共之，皆所以明人伦也。人伦明于上，小民亲于下。"(《孟子·滕文公上》) 也就是说："要设立庠、序、学、校来教导百姓。'庠'是教养的意思；'校'是教导的意思；'序'是习射的意思。(地方学校)，夏代称'校'，商代称'序'，周代称'庠'；'学'(中央学校)，三代共用这个名称。(这些学校) 都是用来教人懂得伦理关系的。在上位的人明白了伦理关系，百姓在下自然就会相亲相爱。孟子在这里第一次明确地概括出中国古代学校教育的目的"明人伦"，又说明了教育就是通过实现"明人伦"来为政治服务的。

孟子说："人之有道也：饱食暖衣，逸居而无教，则近于禽兽。"(《孟子·滕文公上》) 可见，孟子并不认为人的完善道德品质是先天的，人的本性仅具有善的萌芽，是谓性"善端"，有待于以后教育的"扩充"和"完善"；如果得不到正确的教育，人的"善端"就得不到发展，甚至会向相反的方向转化。而"人之有道也"有两个方面，其一是衣食住行等基本生活需要，其二是精神需要和追求，精神需要就是要"明人伦"，只有通过教育才能实现这种精神需要，即只有通过"教以人伦"，才能"明人伦"。如果只知道满足其前一种需要，而不让其后一种需要同时得到满足，"只知道衣、食、住、行，而人伦不明，就'近于禽兽'，不能算作是'人'"。

　　"人伦"就是"人道"。具体来说，"人伦"就是五对关系："父子有亲，君臣有义，夫妇有别，长幼有序，朋友有信。"（《孟子·滕文公上》）后世称之为"五伦"。"五伦"体现了中国古代社会的宗法关系，为人们所普通接受。在"五伦"中孟子尤重父子——孝，长幼——悌这两种关系，并以此为中心，建立了一个道德规范体系——"五常"，即仁、义、礼、智、信。仁，事父母；义，从兄长；智，明白以上二者的道理并坚持下去；礼，孝悌在礼节上的表现；信，老老实实地做事，讲信用。

　　"社会伦常秩序"的建立就依赖于教育，包括家庭教育，学校教育，宗教教育等等。教育是扩充"善性"的过程，是社会伦常秩序得以建立的基础和基石。教育的全部作用在于经过扩充人固有的"善"进而达到国家的治理。"后稷教民稼穑，树艺五谷；五谷熟而民人育。人之有道也。饱食、暖衣、逸居而无教，则近于禽兽。圣人有忧之，使契为司徒，教以人伦，父子有亲，君臣有义，夫妇有别，长幼有叙，朋友有信。"（《孟子·滕文公上》）也就是说，后稷教人民各种农事，种植五谷；五谷成熟了，人民才能养育。人类生活的通则是：吃饱、穿暖、安居而没有教育，便同禽兽差不多。圣人又忧虑这件事，任命契担任司徒，把伦理道理教给人民——父子讲亲爱，君臣讲礼义，夫妇讲内外之别，长幼讲尊卑次序，朋友讲真诚守信。教育通过使人明了并实现这一切，发挥举足轻重的作用。

　　孟子认为"百亩之田，勿夺民时，数口之家，可以无饥矣；谨庠序之教，申之以孝悌之义"，（《孟子·滕文公上》）这是他政治的理想"王道之成"。他希望把国家的统一，政治的实现，建立在血缘宗法关系的基础之上。只有建立了稳定的"社会伦常秩序"，才能"治国"，才能"平天下"。

教学理念——得天下英才而教育之

　　人生的快乐为何？

　　亚圣孟子认为："君子有三乐，而王天下不与存焉。父母俱存，兄弟无故，一乐也。仰不愧于天，俯不怍于人，二乐也。得天下英才而教育之，三乐也。"（《孟子·尽心上》）三乐中，父母兄弟，一家人和睦相处，应该说是亲情之乐；做人处事，一切都问心无愧，应该算是自身之乐。以上二乐，很多人都能做到，也是安身立命的根本，是亲情和个人之乐。而三乐就不同了，并不是人人都能"得天下英才而教育之"的。因而，三乐乃极乐，是亲情与自身之乐所无法相比的。

"得天下英才"不易，能够有机会有能力而"教育之"则更不易。这就是为师者之极乐之处。为师者的责任其实就是天下的责任，为师者的使命其实就是天下的使命，为师者的快乐其实也是天下的快乐。

怀着"得天下英才而教育之"的广阔理想，孟子与孔子一样，实行"有教无类"的教育原则。他认为教育自古以来就是面向民众的。《孟子·滕文公上》记载，孟子说："尧说，督促他们，纠正他们，帮助他们，使他们各得其所，然后又提醒他们警觉，并加以教育。"（"放勋曰：'劳之来之，匡之直之，辅之翼之，使自得之，又从而振德之。'"）春秋以前教育为贵族所垄断，即"学在王宫"，只有贵族的子弟才能进学校上学。到周平王东迁以后，这种局面才被打破，学术才下到民间。孔子等一批人首开私人讲学之风，在这一过程中起了很重要的作用。他提倡"有教无类"，对来受教的学生，不分族类和国界，也不论其行业和出身，这样就大大扩大了教育面。孟子继承了孔子"有教无类"的主张，认为无论是谁，都可以接受教育。他在《孟子·告子上》比喻说："假如得到滋养，没有不生长的农作物；而失掉滋养，则没有什么农作物不死亡的。"（"苟得其养，无物不长；苟失其养，无物不消。"）孟子认为，品德高尚的人，学识渊博的人，理当教育培养德行不好、学识少的人。《孟子·离娄下》记载，孟子说："道德品质很好的人教育培养那些道德品质差的人；有才能的人教育培养那些缺乏才能的人，所以人人都乐于有好的父亲和兄长。如果道德品质很好的人，不去教育培养那些缺乏才能的人；那么，所谓的好和不好，他们中间的距离相差就很小了，以至于不能用寸来量。"（"中也养不中，才也养不才：故人乐有贤父兄也。如中也弃不中，才也弃不才；则贤不肖之相去，其间不能以寸。"）对于犯过错误，有过恶劣行为的人，孟子也不抛弃。他说："长得漂亮的西施，如果身上弄得很肮脏，人们从她身旁走过的时候，个个都会捂着鼻子；虽然是面容丑陋的人，若是他斋戒淋浴，照样可以祭祀上帝。"（《孟子·离娄下》："孟子曰：'西子蒙不洁，则人皆掩鼻而过之。虽有恶人，齐戒沐浴，则可以祀上帝。'"）

除此之外，孟子论政、处事时，也一贯强调不能忽视外部环境的作用。

孟子在和宋国大夫戴不胜谈论如何能让宋王为善时，举了一个"学外语"的例子，说明环境的影响。他说，有一个楚国人，计划让他的儿子学说齐国的话，他不知该请楚国人当老师呢，还是该请齐国人来当老师。这位宋国大夫不假思索地回答："当然请齐国人来当老师最好不过了。""但是，当一个齐国老师在精心教那个孩子学说齐国话，很多楚国人一直围在他身边，用楚国话，大声喧闹不休，那个孩子如何能学好齐国话呢？即使每天打他，硬逼着他去学，他也学不好。"孟子借此强调外部环境对人的影响极大。

接着，孟子针对戴不胜提出，想让一个名叫薛居州的贤者住进王宫，以影响宋王行为的想法，继续说："在于王所者，长幼卑尊皆薛居州也，王谁与为不善？在王所者，长幼卑尊皆非薛居州也，王谁与为善？一薛居州，独如王何？"（《孟子·滕文公下》）如果宋王身边，都是薛居州那样的贤者，那宋王想行为不善都不可能；如果宋王身边，都不是薛居州那样的贤者，那宋王想学好也是不可能的。一个贤者薛居州，就能改变宋王吗？

外部环境可以影响和改变一个人的行为，也能够影响和改变一国的风习，孟子的谈论极为精辟、深刻。显然，其中有孟母"三迁"的影子。

教育方法——教亦多术

孟子的许多论述，可以被当作是教育方法的最佳教材，不论是对弟子畅述心性修养或是为时君讲论为政之道，往往触机而发，适时援用妥帖的譬喻、生动的描述，化艰涩的理论为浅显的事例，很自然地能够引起听者兴味。类此循循善诱的解说方式，在孟子全书中，俯拾即是。例如：揠苗助长、杯水车薪、茅塞顿开等等，沿用至今，早已成为人人耳熟能详的成语典故，不仅故事内容，对教者或学者深具启发性，就是孟子这种善于取譬和耐心引导的态度，都为施教者提供了宝贵的示范。

孟子也和孔子一样对弟子"因材施教"。即根据弟子的不同情况，用不同的方法进行教育。孟子在《孟子·告子下》中认为"教育的方法是多种多样的"。（"教亦多术矣"）孟子认为人虽有同样的善性，但由于客观环境的影响，以及自我修养的不同，就产生了才能的个别差异。他把有教养的人分为"善""信""美""大""圣""神"六种类型。在《孟子·尽心上》中他说："君子进行教育的方式方法有五种：有如像及时雨那样浇灌万物的，有成全其品德的，有培养才干的，有解答疑问的，有不直接来受教，而私自学习的"。（"君子之所以教者五：有如时雨化之者，有成德者，有达财者，有答问者，有私淑艾者。此五者，君子之所以教也。"）这五种方式，是根据弟子素质的不同、特长不同、年龄及所在地不同而分别选用的。素质很好，文化基础也相当好的弟子，这种人就须格外用心教导，要像给草木下一场及时雨那样，使之受益很快，提高很大；对素质比较好，可以在品德方面有突出成就的，就应抑制其过分的方面，而补助其欠缺的方面，以成全其品德；对特聪明而可以培养为很有才干的人，就该多指引方向，匡正错误，以成全其才干；对既不能在品德方面有较高的成就，又不能成为很有才干的人，可以解答他的疑问，以使他得到提高；对不同时的人，或居住地相隔太远的人，就只能以流风余韵为其私自学习了。

孟子主张对弟子实行高标准、严要求。他在《孟子·告子上》说："羿教人射箭，总是把弓拉满。学射箭的人也一定力求拉满弓。高明的木匠教人做木工，一定依靠规矩，学木工的人也一定要依靠规矩"。（"羿之教人射，必志于彀；学者亦必志于彀。大匠诲人，必以规矩；学者亦必以规矩。"）学儒学与学射箭、学木工，是一样的道理，老师不提出高标准的要求，就学不会，或者学走样。正因为如此，在《孟子·尽心上》记载，当弟子公孙丑对孟子之道感到高不可攀，要求降低标准时，孟子坚决不肯。他说："有名的工匠并不因为拙劣的工人改变或废弃规矩，羿也不会因为缺少射手，改变拉满弓的标准。"（"大匠不为拙工改废绳墨，羿不为拙射变其彀率。君子引而不发，跃如也。中道而立，能者从之。"）老师一定要确立其明确的教育目标，就像射箭、工匠"规矩"一样，对学生的要求要有标准，不能降低。

孟子对弟子的教育也采用了循循善诱，启发思维的方法。孟子说："教亦多术矣，予不屑之教诲也者，是亦教诲之而已矣。"（《孟子·告子下》）即是说教诲人的方法很多，我拒绝他不愿意教诲他的意思，其实也就是在教诲他。这是孟子激励学生的方法。孟子因齐王好乐好勇，好货好色，乘势利导，劝他与民同乐，启发他推行仁政。孟子与齐王论王道，与告子论性，与陈相论许行的谬说，不惮烦琐，反复辩证，最后抽丝剥茧，使对方自己发现真理，这都是孟子教育方法注重启发的实例。孟子在《孟子·公孙丑上》讲了一个有趣的故事："宋国有一个人忧虑禾苗不长，而去将它拔高，一天，他非常疲倦地回来对家里人说：'今天太累了，我去帮助禾苗生长了'。他的儿子赶快跑去看，地里的禾苗全都枯萎了。"于是孟子感叹说："天下不拔苗助长的人是很少的，认为培养教育的工作没有益处而不去干的，是那些不锄草的懒汉，而违背规律去帮助禾苗生长的就是拔苗助长的人。这样去助长，不但没有好处，反而会伤害它。"孟子通过这则寓言告诉我们：教育是一个自然发展的过程，要循循有序，切不可急于求成，否则会"非徒无益，而又害之"，同时还要积极启发学生思维，要引而不发："君子引而不发，跃如也。中道而立，能者从之。"（《孟子·尽心上》）"君子教导别人，正如教人射箭，拉满了弓却不射出箭，只是跃跃欲试地做示范。君子站立在道的中间，有能力的人便会跟从他学。"

这种"引而不发"就是要让弟子充分发挥主观能动性。据《孟子·尽心下》记载，孟子说："木匠和专门做车轮、车箱的人能够把如何制作的规矩准则传授给学徒，但是却不能使学徒一定掌握高明的技巧。"这是因为，要有高明的技巧，还必须要学徒去发挥自己的主观努力，不断地追求才能获得。孟子认为要获得高深的造诣，就要自己确有心得。他在《孟子·离娄下》说："君子按照正确的方法以达到高深的造诣，就要求其确实自觉的有心得。自觉的有心得，就能牢固地掌握它而绝不动摇；牢固地掌握它，就能积蓄很深；积蓄很深，就能取用不尽，甚至左右逢源，所以君子必须要自觉的有心得。"（孟子曰："君子深造之以道，欲其自得之也；自得之，则居之安；居之安，则资之深；资之深，则取之左右逢其源；故君子欲其自得之也。"）

孟子还提出了教师必须言近旨远，由博返约。孟子说："言近而指远者，善言也；守约而施博者，善道也。君子之言也，不下带而道存焉；君子之守，修其身而天下平。"（《孟子·尽心下》）这表明孟子主张教人必须由近及远，这是最好的教学方法，由守约而施博是好的教育途径。孟子主张"由博返约"，他说："博学而详说之，将以反说约也。"（《孟子·离娄下》）即教师应当有渊博的学识，并能详细地解说，这当然不是为了炫耀自己的渊博，而是要以广博的知识，融会贯通起来，将其归纳而得到简单概括的结论。当然，如果没有广博的知识，详细的解说，是概括不出这简约结论的。博学和详说正是为了"将以反说约也"，其目的在于"说约"。

孟子主张以近在眼前的平常事来说明意义深远的大道理，所以他经常用类比法进行论证，或用简单的比喻来解释疑惑。孟子对齐宣王解释"不能"和"不为"的区别时，也用了简单、生动的比喻，他说："用胳膊挟着泰山跳越北海，对人说：'我不能办到。'这是真的不能。给年长的人弯腰行礼，对人说：'我不能办到。'这就是不去做，而不是不能做。所以，大王没有做到用仁德统一天下，不属于挟着泰山跳越北海一类；大王没有做到用仁德统一天下，这是属于为长者弯腰行礼一类。"（《孟子·梁惠王上》："挟太山以超北海，语人曰：'我不能'，是诚不能也。为长者折枝，语人曰：'我不能'，是不为也，非不能也。固王之不王，非挟太山以超北海之类也，王之不王，是折枝之类也。"）除此之外，孟子还用"缘木求鱼"的比喻说明齐宣王之"欲辟土地，朝秦楚，莅中国而抚四夷"之不可能；以宋人之拔苗助长喻告子之不知义；以"时雨"喻"王政"；以"倒悬"喻虐政；以水之胜火喻仁之胜不仁；以流水之不盈科不行，喻君子之不成章不达……诸如此类的比喻，据统计在《孟子》全书二百六十一章中，有九十三章总共使用了一百五十九个。《学记》中总结说："君子之教喻也""能博喻然后能为师。"这一思想在中国教育史上有着深远的影响。

为学态度——立志持志

教与学是个双向的过程，正如儒者所言"教学相长"，除了老师的教授外，受教育者自身也必须做到如下几点：

第一，虚心。

公都子曰："滕更之在门也，若在所礼；而不答，何也?" 孟子曰："挟贵而问，挟贤而问，挟长而问，挟有勋劳而问，挟故而问，皆所不答也。滕更有二焉。"（《孟子·尽心上》）弟子公都子问孟子道："滕更在您门下学习时，似乎是属于要以礼相待的人，然而您却不回答他的发问，为什么呢?" 孟子回答："倚仗地位来发问，倚仗能干来发问，倚仗年长来发问，倚仗有功劳来发问，倚仗老交情来发问，都是我不愿回答的。滕更占了其中的两条。"

孟子认为为学要虚心，要诚恳，为矫正滕更炫己轻人的缺失，启发他尊师重道的意念，所以用不屑教诲的态度来激发他。孟子说："一个人最大的毛病就是喜欢做别人的老师"，（《孟子·离娄上》："人之患，在好为人师"）孟子告诫人要谦虚，勿自满，要以多研究多学习的心态，充实自己的学问。

第二，欲求自得。

孟子说："君子要按照正确的方法深造，是想使他自己获得道理。自己获得的道理，就能牢固掌握它；牢固掌握了它，就能积蓄很深；积蓄深了，就能左右逢源取之不尽，所以君子想要自己获得道理。"（《孟子·里娄下》："君子深造之以道，欲其自得之也。自得之，则居之安；居之安则资之深；资之深，则取之左右逢其源，故君子欲其自得之也。"）只要自觉摸索体会得到的知识，才能深刻掌握和灵活运用。"梓匠轮舆能与人规矩，不能使人巧。"（《孟子·尽心下》）也就是说，能工巧匠能够教会别人规矩法则，但不能够教会别人巧。孟子是通过这句话告诉弟子，求学不能完全依靠老师，还得通过自己的一番探索和钻研，发挥主观能动性和积极性，才能熟练掌握。

第三，反求诸己、改过迁善。

孟子曰："爱人不亲，反其仁；治人不治，反其智；礼人不答，反其敬行有不得者皆反求诸己，其身正而天下归之。"（《孟子·离娄上》）我爱别人而别人不亲近我，应反问自己的仁爱之心够不够；我管理别人而未能管理好，应反问自己的知识能力够不够；我礼貌地对待人而得不到回应，要反问自己态度够不够恭敬；任何行为得不到预期效果，都应反躬自问，好好检查自己。自身端正了，天下的人就会来归附他。

　　总之，凡事须严于律己，时时反思，对任何得不到预期效果的行为，都应当从自己身上找原因。如果反躬自问自己的仁已够了，礼也够了，那么一般说来是会得到别人相应的仁爱和礼遇的。在行动和学习上，要先从自己身上找原因，主体要自觉反省。

　　第四，立志持志、磨炼意志。

　　孟子说："仁义而已矣。……居仁由义，大王之事备矣。"（《孟子·尽心上》）一个人能以"仁义"为志，才能分辨善恶，认清当为与不当为之事，"人有不为也，而后可以有为。"（《孟子·离娄下》）孟子强调立志的同时，也非常重视"持志""士穷不失义，达不离道。"（《孟子·尽心上》）即要求人们不管处在得意或穷困的时候，都要能坚持自己的理想。除了立志、持志外，"故天将降大任于斯人也，必先苦其心志，劳其筋骨，饿其体肤，空乏其身，行佛乱其所为，所以动心忍性，增益其所不能。"（《孟子·告子下》）一个"大丈夫"经过磨炼，应当具有百折不挠的坚强意志，"富贵不能淫，贫贱不能移，威武不能屈"（《孟子·滕文公下》），并且为了道义，在必要时要能"舍生取义"。

　　第五，专心致志、持之以恒。

　　孟子说，学习要专心致志，不可一心二用。孟子举了个例子说明专心致志的重要："下棋作为技艺，是小技艺；不专心致志，就学不到手。弈秋是全国最擅长下棋的。让弈秋教两个人下棋，其中一人专心致志，一心只听弈秋讲解。另外一人虽然也在听讲，却一心以为有只天鹅要飞来了，想着拿弓箭去射它，虽然他同另一人一起在学，却不如人家学得好了。是因为他的智力不如人家吗？当然不是这样。"两个同时学习，成绩却不一样，并非由于智力缘故，而是由于专心与不专心。

　　学习还必须持之以恒，切勿一暴十寒，"即使有天下最容易生长的东西，如果晒它一天，冻它十天，没有能生长的。"（"虽有天下易生之物，一日暴之，十日寒之，未有能生者也。"《孟子·告子上》）孟子又以掘井为例，要求做事学习要坚持到底："做事好比打井，打了六七丈深还没打到泉水，仍然是口废井。"（"有为者辟若掘井，掘井九仞而不及泉，犹为废井也。"《孟子·尽心上》）孟子谓高子曰："山径之蹊间，介然用之而成路；为间不用，则茅塞之矣。今茅塞子之心矣。"

（《孟子·尽心下》）也就是说，一个人的心，要常常去用它，好比山上的小路，要常常去走，就自然会形成一条大路；若是隔了一阵子不走，茅草便要生长起来把路塞住，一个人的心好久不用，也会像给茅草塞住一样。孟子在这里指出研究学问要常常用心，不可中断，如不能有恒而中断，杂念便会把心塞住了。

　　总之，孟子是中国古代继孔子之后的又一位伟大思想家和教育家，他的教育思想对后世产生了重大的影响，孟子的教育思想对今天的素质教育也有很多借鉴之处，是中华民族优秀文化传统中的一笔宝贵财富。

第六章　孟子补漏拾遗

孟子轶事传闻

孟母三迁

孟家附近有一块墓地，送葬的队伍经常从他家门前走过。孟子经常模仿队伍中吹鼓手和妇女哭啼的样子，还不时到墓地上玩死人下葬的把戏，在地上挖一个坑，把朽木或腐草当作死人埋下去。孟母对儿子这样玩耍很生气，认为不利于他读书，便把家迁到了城里。

到了城里孟母要儿子熟读《论语》，像孔子那样做人。可是他家处于闹市中，打铁声、杀猪声、叫卖声终日不断，听着听着，他就读不下去了。接着，他就和邻居家的孩子玩起了做买卖的游戏，孟母觉得这个地方确实很难集中心思读书，便再次搬迁到城东的学宫对面居住。学宫那里的环境很好，书声朗朗，读书的氛围很浓。孟子很快安下心来读书。有时，他还向学宫里张望，观看里面的学生是怎样读书，又是怎样跟随老师演习周礼的，回到家里，也模仿起来。

一天，孟母发现儿子在磕头跪拜，以为他又在玩埋死人的把戏了，心里很难过，在听儿子说是演习周礼后，就又高兴起来。

后来孟母把孟子送进了学宫，学习《诗经》《尚书》等六艺。

"孟母三迁"教子的故事流传至今。

买肉啖子

"买肉啖子"的故事，讲的是孟母如何以自己的言行对孟子施以诚实不欺的品德教育的故事。有一次，邻居家磨刀霍霍，正准备杀猪。孟子见了很好奇，就跑去问母亲："邻居在干什么？""在杀猪。""杀猪干什么？"孟母听了，笑了笑，随口说到："是给你吃啊。"刚说完这句话，孟母就后悔了，心想邻居不是为了孩子杀的猪，我却欺骗了他。这不是在教他说谎吗？为了弥补这个过失，孟母真的买来了邻居的猪肉给孟子吃了。

断机教子

"断机教子"，讲的是孟母鼓励孟子读书不要半途而废的故事。孟子少年读书时，开始也很不用功。有一次，孟子放学回家，孟母正坐在机前织布，她问儿子："《论语》的《学而》篇会背诵了吗？"孟子回答说："会背诵了，"孟母高兴地说："你背给我听听。"可是孟子总是翻来覆去地背诵这么一句话："子曰：'学而时习之，不亦说乎？'"孟母听了又生气又伤心，举起一把刀，"嘶"地一声，一下就把刚刚织好的布割断了，麻线纷纷落在地上。孟子看到母亲把辛辛苦苦才织好的布割断了，心里既害怕又不明白其中的原因，忙问母亲出了什么事。孟母教训儿子说："学习就像织布一样，你不专心读书，就像断了的麻布，布断了再也接不起来了。学习如果不时时努力，常常温故而知新，就永远也学不到本领。"说到伤心处，孟母呜呜咽咽地哭了起来。孟子很受触动，从此以后，他牢牢地记住母亲的话，起早贪晚，刻苦读书。

五十步笑百步

战国时代，诸侯王国都采取合纵连横之计，远交近攻。

战争连年不断，可苦了各国的老百姓。孟子看了，决定周游列国，去劝说那些好战的君主。孟子来到魏国，去见了好战的梁惠王。梁惠王对孟子说："我费心尽力治国，又爱护百姓，却不见百姓增多，这是什么原因呢？"

孟子回答说："君王喜好战争，那就让我拿打仗作个比喻吧！双方军队在战场上相遇，免不了要进行一场厮杀。厮杀结果，打败的一方免不了会弃盔丢甲，飞奔逃命。假如一个兵士跑得慢，只跑了五十步，却去嘲笑跑了一百步的兵士是'贪生怕死。'"

孟子讲完故事，问梁惠王："这对不对？"梁惠王立即说："当然不对！都是逃跑，只不过没有跑到一百步罢了。"

孟子说："您和您的邻国都不怎么样，仁人无敌于天下啊！君王如果知道这个道理，就不要希望你的民众多于邻国了。"

成语比喻那些以小败嘲笑大败的人。又以"五十步笑百步"来比喻程度不同，但本质相同的做法。

一暴十寒

战国时代，百家争鸣，游说之风，十分盛行。一般游说之士，不但有高深的学问、丰富的知识，尤其是以深刻生动的比喻，来讽劝执政者，最为突出。孟子也是当时的一个著名辩士，在《孟子·告子上》中有这样一段记载：

孟子对齐王的昏庸，做事没有坚持性、轻信奸佞谗言很不满，便不客气的对他说："王也太不明智了，天下虽有生命力很强的生物，可是你把它在阳光下晒了一天，却放在阴寒的地方冻了它十天，它那里还活着成呢！我跟王在一起的时间是很短的，王即使有了一点从善的决心，可是我一离开你，那些奸臣又来哄骗你，你又会听信他们的话，叫我怎么办呢？"

按着，他便打了一个生动的比喻："下棋看起来是件小事，但假使你不专心致志，也同样学不好，下不赢。奕秋是全国最善下棋的能手，他教了两个徒弟，其中一个专心致志，处处听奕秋的指导；另一个却老是盼着有大天鹅飞来，准备用箭射鹅。两个徒弟是同一个师傅教的，一起学的，然而后者的成绩却差得很远。这不是他们的智力有什么区别，而是专心的程度不一样啊！"

故后来的人便将孟子所说"一日暴之，十日寒之"精简成"一暴十寒"一句成语，用来比喻修学、做事没有恒心，作辍无常的一种说法。

人性皆善

离孟子的书院十多里处有一个程杨庄，该庄有一叫程广助的农民，他七岁的儿子向明，随小朋友们捕蝉未归，撒下人马找了半天，踪影未见，孩子的母亲哭得泪人一般，便来请教孟子有无找到的希望。孟子询问了有关情况，当他得知向明不痴不呆，知道自己所住的村庄名和父亲的姓名时，坦然的微微一笑说："不必着急和上火，不出三天，准有人将孩子送到你家中。"

程广助夫妇说了几句客套话，将信将疑地离去了。

第二天亥时左右，孟子冷水浴后正欲上床就寝，忽有人敲门，来者正是程广助。他手提礼品，满面春风地告诉孟子，果然黄昏时有人携手将他们的向明送了回来。孟子婉言谢绝了礼品，二人推让了半天，程广助才千恩万谢，告辞而去。

消息很快地在子思书院和因利渠畔传开了，有人疑心孟子是神而不是人，有人打老远的地方跑来看孟子的长相是否有异于常人。弟子们纷纷来问："夫子何以知其必有人送子到家呢？"

孟子回答说："人性皆善，犹水之就下也。人无有不善，水无有不下。"

"何谓人之善性？"公都子问。

孟子说："人性皆善，指的是恻隐之心，人皆有之；羞恶之心，人皆有之；恭敬之心，人皆有之；是非之心，人皆有之。人人皆有这四心善性，发现一流浪孩子找不着家，寻不着父母，必像孩子的父母一样心急火燎，岂能不将其送回家去！"

始作俑者

这句成语出自于《孟子·梁惠王上》："仲尼（孔子）曰：始作俑者，其无后乎！为其象人而用之也。"

战国时，有一次孟子和梁惠王谈论治国之道。孟子问梁惠王："用木棍打死人和用刀子杀死人，有什么不同吗？"

梁惠王回答说："没有什么不同的。"

孟子又问："用刀子杀死人和用政治害死人有什么不同？"

梁惠王说："也没有什么不同。"

孟子接着说:"现在大王的厨房里有的是肥肉,马厩里有的是壮马,可老百姓面有饥色,野外躺着饿死的人。这是当权者在带领着野兽来吃人啊!大王想想,野兽相食,尚且使人厌恶,那么当权者带着野兽来吃人,怎么能当好老百姓的父母官呢?孔子曾经说过,首先开始用俑(古时陪同死人下葬的木偶或土偶)的人,他是断子绝孙、没有后代的吧!您看,用人形的土偶来殉葬尚且不可,又怎么可以让老百姓活活地饿死呢?"

根据孔子"始作俑者,其无后乎"这句话,后人将"始作俑者"引为成语,比喻第一个做某项坏事的人或某种恶劣风气的创始人。

不远千里

这句成语出自《孟子·梁惠王上》孟子见梁惠王。王曰:"叟!不远千里而来,亦将有以利吾国乎?"

孟子在魏国的朝廷之上拜见梁惠王。梁惠王见了孟子,热情地说:"先生,您不以千里为远来到我们魏国,一定是给我的国家带来利益了吧?"

孟子回答说:"大王您何必一开口就讲利?有仁义就行了。如果君王说怎样有利于我的国家,大夫说怎样有利于我的封地,士和老百姓说怎样有利于自身,这样上上下下都追逐私利,那么就危险了。"接着孟子说道:"在能出动一万辆兵车的国家,谋杀他们国君的必定是能出动一千辆兵车的大夫之家;在能出动一千辆兵车的二等国家,谋杀他们国君的,必定是能出动一百辆兵车的大夫之家。大国的大夫能从万辆兵车的国家中获得兵车千辆,二等国家的大夫能从千辆兵车的国家中获得兵车百辆。这些大夫的产业不能说不多了,但是,他仍永远不会满足。所以您不能再宣扬私利了。"

梁惠王听了很受触动,焦急地问:"那先生以为该怎么办呢?"孟子说:"从来没有讲仁的人会遗弃他的双亲,也没有讲义的人会不尊重他的君主。所以,大王您只要讲仁义就够了,何必再讲利呢?"

当务之急

这个成语出自《孟子·尽心上》:孟子曰:"知者无不知也,当务之急,仁者无不爱也，急亲贤之为务。"

有一次，孟子的弟子问起，现在要知道和要去干的事情很多，究竟应该先知道和干些什么。孟子回答说："有智慧的人无所不知，但要知道当前应该做的事中最急需要办的事，而不要面面俱到。比如仁德是人们无所不爱的，但应先爱亲人和贤者。又比如古代的圣主尧和舜，尚且不能认识所有的事物，因为他们必须急于愁当前最重要的事情。尧舜的仁德也不是爱一切人，因为他们急于爱的是亲人和贤人。"接着，孟子又从反面来回答这个问题："父母死了，不去服三年的丧期，却对服三个月、五个月丧期的礼节很讲究；在长者面前用餐没有礼貌地狼吞虎咽，咕咚咕咚地喝汤，却去讲什么不能用牙齿咬断干肉等等，这就是舍本逐末，不知道当前最需要知道和干的是什么。"

脍炙人口

这个成语是从《孟子·尽心下》记载的一段故事中引申出来的："脍炙，所同也；羊枣，所独也。"

春秋时的曾参是个孝子。他的父亲曾晰喜欢吃羊枣（一种野生小柿子，俗名牛奶柿）。曾晰死后，曾参竟不忍心再吃羊枣。此事被儒家传为美谈。

有一次，孟子的学生公孙丑就这件事向孟子提问："脍炙（精美的肉食）和羊枣哪样东西好吃？"孟子说："当然是脍炙好吃。"公孙丑说："那么曾参父子一定都爱吃脍炙了，可为什么父亲死后，曾参只戒羊枣，不戒脍炙呢？"

孟子回答说："脍炙，是大家都爱吃的；羊枣却是曾晰的特殊嗜好，所以他死后，曾参会继续吃脍炙而不吃羊枣。"

根据以上记载，后人引申出"脍炙人口"这句成语，比喻人人赞美和传诵（多指诗文）。

孟子故里

孟庙

孟庙，又称亚圣庙，在邹县城南，为历代祭祀孟子之所。孟子有庙奉祀始于宋景祐四年（1037年），创建于邹城市东北12公里的四基山西南麓，孟子陵墓前。后因距城较远，瞻仰祭祀诸多不便，乃于宣和三年（1121年）迁建于现邹城市南关，西与孟府毗邻。其后对孟庙不断增修扩建，直至明代才具有现在规模。

孟庙南北长458.5米，东西宽95米，占地4.36万平方米，折66亩。其规模仅次于孔庙，为山东省现存历史最久远、保存最完整的古建筑群之一，是国内宋元至明清时期的古建筑代表作品，1988年被国务院定为全国重点文物保护单位。

孟庙呈长方形，院落五进，殿宇64间。亚圣殿位于南北中轴线上，为庙内主体建筑。据记载，历代重修，达38次之多。现存建筑为清康熙年间地震倾圮后重建。殿7间，高17米，横宽27米，进深20米，双层飞檐，歇山式，绿琉璃瓦覆顶。檐下八角石柱26根，中轴线两侧对称排列寝殿等，庙内共有碑碣石刻350余块，庙内古树苍郁，葱笼茂密，堪称奇观。

孟庙以主体建筑亚圣殿为中心，南北为一中轴线，左右作对称式排列，有些地方又因地制宜地进行了适当安置。逐院前进，起伏参差，布局严谨，错落有致，建筑雄伟，院院不同，格局迥异，充分体现了我国劳动人民的创造才能和古建筑的特点，是国内宋元至明清时期的古建筑代表作品。

孟庙正南门为"棂星门"。门内左右各一坊，左名"继往圣"，右名"开来学"。第一进院落的北壁正中为"亚圣庙石坊"。第二进院落的砖铺甬道两侧尽是古老的苍松翠柏，往北为"泰山气象门"。进入此门后，即为第三进院落。此院左右各有门通往庙外，左名"知言门"，右名"养气门"，是过去出于孟庙的主要通道。"养气门"外南侧建有"亚圣木坊"；门内南侧建有"祭器库"三楹。"知言门"内南侧建有"省牲所"三楹。此院北壁，三门并列。正中之门为"承圣门"，门之左侧建有"康熙御碑亭"；左为"启贤门"；右为"致敬门"。"承圣门"内第4进院落即分为东、西、中三路。中为孟庙主体建筑"亚圣殿"，其后为"寝殿"，其前左右两侧建有"东庑"和"西庑"各七楹，院中有"天震井"和"乾隆御碑亭"。东路"启贤门"内为"启圣殿"，其后为"孟母殿"。从"启贤门"到"启圣

殿"甬路两侧，竖立着为数众多的历代碑刻，称之为"孟庙碑林"。西路"致敬门"内为一过道小

孟庙大殿

院，东垣有一小门可通往中路"亚圣殿"院，北壁有一小门为"斋戒门"。这一小院四周墙壁上镶嵌着历代名人谒孟庙题咏等数十块小型碑刻。"斋戒门"内建有"致严堂"三楹。堂前有两株元代所植的参天银杏，古老的紫藤萝缠绕着银杏树，凌空而上，蜿蜒曲折，美妙奇绝。"亚圣殿"前的露台两侧各有一小门。东名"礼门"，通往东路"启圣殿"院；西名"义路"，通往西路"致严堂"后院的"祧主祠"。"寝殿"西侧亦有一小门，通往西路的最后一处小院"焚帛池"。孟庙总计建有各型殿宇 64 楹，碑亭 2 座，木门坊 4 座，石坊 1 座。

　　孟庙内保存有秦、汉、晋、唐、宋、元、明、清历代碑碣 280 块，其主要内容有历代封建皇帝封赠圣旨、孟氏家族谱系、历代维修扩建纪实、文人骚客诗词赞颂等。其字体楷、行、隶、篆全备，具有很高的书法艺术价值。重要的碑刻有西

汉《莱子侯刻石》《秦峄山刻石》、东汉《石墙村刻石》、元文宗八思巴文《封赠孟子为邹国亚圣公》圣旨碑、明《孟氏宗传祖图》碑等，是研究我国历史和孟庙沿革的珍贵资料。

孟庙内各种树木430株，其主要树种为柏、桧，还有少量的古槐、银杏、紫藤等。这些古树多栽种于宋、元时期，至今仍参天拔地、青翠蓊郁、森然茂盛。孟庙古树名木中有四大自然奇观："古柏抱槐""藤系银杏""洞槐望月""桧寓枸杞"。孟庙的古树景观在明代就受到人们的喜爱，明代书画家董其昌曾吟颂五言律诗一首："爱此孟祠树，森然见典型。沃根洙水润，含气峄山灵。阅世磨秦籀，参天结鲁青。方知樗散寿，只入列仙经。"

孟庙在"文革"期间曾受到了不同程度的破坏，1980年以来，国家拨出专款进行了复原维修，现已恢复到清代初期的原貌，每年有大批中外游客来此参观游览。

孟府

孟府又称亚圣府，位于孟庙西侧，是孟子嫡系后裔居住和生活的地方，也是全国重点文物保护单位。元至顺二年（1331年），文宗皇帝封孟子为"邹国亚圣公"，从此，这里就被称为"亚圣府"，也叫"孟府"。孟府开始建造的年代不详。据推测是宋景佑四年（1037年）。建造孟庙的同时，建造了孟府。后经历代变迁和扩建，就有了现在的规模。

孟府是一座典型的中国封建贵族府第，平面呈长方形，面积约2.4万平方米。建筑布局严谨，前后有七进院落，共有楼、堂、阁、室200余间，主体建筑分布在中路，前为衙署，主要建筑有大门、二门、仪门、东西厢房等，中为内宅，主要建筑有世恩堂、赐书楼、上房院、延绿楼等，后为花园，南北为一条建筑轴线，左右建筑作对称式配列。以主体建筑大堂为界，前为官衙，后为内宅。整体布局大方气派，典雅中透着几分威严。

孟府大门三楹，门楣正中悬有"亚圣府"贴金巨匾，黑漆大门上绘有两米多高的门神，手持金瓜，面目威严。门外建有高大影壁。门前一对明代石狮雄踞左右，门阶两旁有上马乘车用的方形石台一对。二门又称礼门，门有三洞，正中门楣书"礼门仪路"大字，六扇黑漆大门上分别彩绘顶盔披甲的执刀武士和面目温雅、身着朝服的文官。三门又称"仪门"，单门悬山式建筑，前后有四个木雕花蕾，故又称垂花门。平时仪门不开，每逢孟府喜庆大典、皇帝临幸、宣读圣旨或举行重大家族仪式时，鸣礼炮开启，故此门表现出森严的封建礼仪规范。

大堂在仪门内，共五楹。前有宽敞的露台，两侧有精雕夔龙石栏，东南角置"日晷"，西南角置"嘉量"。堂正中楣门上悬有清世宗雍正三年御书"七篇贻矩"匾额，檐下明柱门上悬有"继往开来私淑千年承燕翼，居仁由义渊源百代仰先烈"巨幅对联。大堂内设有木制暖阁，案上放置文房四宝、签筒、印盒。大堂左右两侧陈列各种"肃静""回避""世袭翰林院五经博士""亚圣奉祀官"等牌匾，并有旗、锣、伞、扇等各种仪仗。

孟府大堂

孟府现在还保存着历代帝王所赐的朝服、龙袍、圣旨、诰封和家藏珠室玉玩、宗族档案、古书字画等大量珍贵文物，是研究封建社会政治、经济和地方历史的宝贵资料。

孟林

孟林又称"亚圣林",是孟子及其后裔的墓地,位于邹城东北 13 公里的四基山西麓。据林内北宋景祐《新建孟子庙记》碑和孟氏《三迁志》载:孟林始建于景祐四年 (1037 年),经元、明、清历代扩建增修,至清康熙年间已形成 730 亩地的规模。林内树木茂密、古老苍劲,是国内现存规模宏大、历史悠久的家族墓地之一。1998 年被定为山东省重点文物保护单位。

孟林

孟子林前有狭长的神道,两侧古柏、白杨参天。神道中段有一座石拱桥(俗称御桥),桥旁新竖有"亚圣林"行书巨碑,为国内著名书法家欧阳中石所书。自拱桥向北是一条石砌甬道,直通享殿。享殿重建于明嘉靖年间,五楹,高大宽敞,是孟氏后裔祭祀孟子的场所。殿内有供案和孟子神位,还有宋、元、明、清碑刻 9 块,详细记载着历代皇帝祭祀孟子的祭文和孟子林修建的情况,是研究孟庙、孟林、孟府的最早实物资料。享殿后即孟子墓,高大的土冢上面绿草如茵,墓前有螭首龟趺巨碑,上书"亚圣孟子墓",清道光十四年 (1834 年) 重建。

每年旧历四月初二日,是孟林古会,成千上万的孟氏子孙和老百姓来到这里游览、瞻拜。

邹城孟母林享殿大门

孟母林

孟母林是孟子父母的合葬地。位于古城邹城北二十五里的马鞍山下，环山而建，山林合为一体，林内松、柏、桧、楷、槲等各类古树数以万计。后人以为孟子成名，在很大程度上是孟母三迁教子之功，故林地称"孟母林"。孟子死后，其后世子孙亦结冢葬于此地，数得上是中国少有的保存完整的氏族墓地之一。

孟母林占地 38 公顷，外围石墙，内有树木约 1 万 3 千株，元明清历代石碑数通。入林后，神道尽头为享殿院，以红色墙垣围成，享殿四檐三间，长 10 米，宽 6 米。堂后有孟母墓碑，碑与坟分离，碑西 50 米处为孟母墓，坡高 8 米，周围 15 米，前有供案、石鼎、石瓶。孟母墓西北为孟氏四十五代中兴祖孟宁墓，原有碑，立于元至顺四年（1333 年），碑阴刻"世系之图"，碑今不存。

附录：孟子年谱

周安王十二年（公元前 390 年）

1 岁。孟子生于邹马鞍山西麓之凫村。据赵岐《〈孟子〉题辞》所记，孟轲系"鲁公族孟孙之后"，盖破落后迁于邹。

周安王十四年（公元前 388 年）

3 岁。孟子在邹。

周安王十五年（公元前 387 年）

4 岁。孟子在邹。

周安王十六年（公元前 386 年）

5 岁。孟子在邹。是年丧父，受母三迁、断机之教（据《烈女传》）。其实三迁与断机恐非发生于一年。

周安王十七年（公元前 385 年）

6 岁。孟子在邹。

周安王十八年（公元前 384 年）

7 岁。楚吴起为相。孟子在邹。

周安王十九年（公元前 383 年）

8 岁。鲁穆公卒，子奋立，是为共公。孟子在邹。

周安王二十年（公元前 382 年）

9 岁。孟子在邹。

周安王二十一年（公元前 381 年）

10 岁。楚宗室杀吴起。孟子在邹。

周安王二十二年（公元前 380 年）

11 岁。孟子在邹。

周安王二十三年（公元前 379 年）

12 岁。齐康公绝祀。赵王翳迁于吴。孟子在邹。

周安王二十四年（公元前 378 年）

13 岁。孟子在邹。

周安王二十五年（公元前 377 年）

14 岁。孟子在邹。

周安王二十六年（公元前 376 年）

15 岁。韩灭郑。诸咎杀其君。孟子在邹。

周烈王元年（公元前 375 年）

16 岁。韩山坚贼其君。齐田午杀其君，自立为桓公。越寺区定乱，立无余之。孟子在邹。

周烈王二年（公元前 374 年）

17 岁。孟子在邹。

周烈王三年（公元前 373 年）

18 岁。孟子在邹。

周烈王四年（公元前 372 年）

19 岁。孟子在邹。

周烈王五年（公元前 371 年）

20 岁。魏武侯卒。燕简公卒。韩严杀韩哀侯。魏伐楚，取鲁阳。孟子在邹。

周烈王六年（公元前 370 年）

21 岁。晋桓公被韩、赵迁于屯留。赵、韩伐魏，魏伐赵，败之平阳。孟子在邹。

周烈王七年（公元前 369 年）

22 岁。齐伐魏，降观，王错奔韩。魏败韩于马陵。孟子在邹。

周显王元年（公元前 368 年）

23 岁。孟子赴鲁游学，受业于子思之门人。

周显王二年（公元前 367 年）

24 岁。韩赵分周为两。孟子在鲁。

周显王三年（公元前 366 年）

25 岁。魏伐韩败逋。孟子在鲁。

周显王四年（公元前 365 年）

26 岁。四月甲寅，魏迁都大梁。田齐桓公杀其君母。孟子在鲁。

周显王五年（公元前 364 年）

27 岁。魏公子缓如赵以作难。孟子归邹创办子思书院，广育天下英才。

周显王六年（公元前 363 年）

28 岁。魏伐赵，取利人与肥。越寺区、弟思杀其君。孟子在邹。

周显王七年（公元前 362 年）

29 岁。魏战败赵、韩联军于浍北，擒乐祚，攻取皮牢。赵成侯与韩昭侯会于上党。孟子在邹。

周显王八年（公元前 361 年）

30 岁。商鞅入秦。宋约生于此年。魏入河水于甫田。暇阳人来归。孟子在邹。

周显王九年（公元前 360 年）

31 岁。东周惠公杰卒。孟子在邹。

周显王十年（公元前 359 年）

32 岁。韩魏分晋，迁晋君于端氏。商鞅变法。孟子在邹授徒讲学。

周显王十一年（公元前 358 年）

33 岁。魏及韩侯盟于巫沙，归侯于韩，商鞅刑公子虔、公孙贾。孟子在邹授徒讲学。

周显王十二年（公元前 357 年）

34 岁。鲁、宋、卫、韩君朝魏，梁惠王称王。商鞅为左庶长。孟子在邹授徒讲学。

周显王十三年（公元前 356 年）

35 岁。鲁侯朝魏，魏筑阳池以备秦。韩筑长城自亥谷以南。赵会燕成侯于安邑。孟子在邹授徒讲学。

周显王十四年（公元前 355 年）

36 岁。申不害相韩。越无颛卒。秦孝公与梁惠王会于杜平，侵宋。孟子在邹授徒讲学。

周显王十五年（公元前 354 年）

37 岁。齐败魏于桂阳。韩侯朝魏。秦败魏，斩首七千，取少梁。孟子在邹授徒讲学。

周显王十六年（公元前 353 年）

38 岁。赵败魏于桂陵（齐用孙膑围魏救赵）。魏以韩师败诸侯于襄陵，会齐宋之国。齐使楚景舍与魏求成。孟子在邹授徒讲学。

周显王十七年（公元前 352 年）

39 岁。商鞅为秦大良造，伐魏，安邑降秦。孟子在邹授徒讲学。

周显王十八年（公元前 351 年）

40 岁。秦迁都咸阳。商鞅伐魏，固阳降秦。魏归赵邯郸，在漳水上结盟。孟子在邹授徒讲学。

周显王十九年（公元前 350 年）

41 岁。商鞅废井田，设县。孟子在邹授徒讲学。

周显王二十年（公元前 349 年）

42 岁。孟子在邹授徒讲学。

周显王二十一年（公元前 348 年）

43 岁。韩昭侯如秦。秦"初为赋"。孟子在邹授徒讲学。

周显王二十二年（公元前 347 年）

44 岁。孟子因齐威王招文学游说之士，第一次由邹到齐临淄稷下学宫。

周显王二十三年（公元前 346 年）

45 岁。孟子在齐与匡章交游。

周显王二十四年（公元前 345 年）

46 岁。孟子在齐。

周显王二十五年（公元前 344 年）

47 岁。梁惠王召诸侯于逢泽朝天子，秦公子少师率师参与逢泽之会。秦孝公会诸侯于京师。孟子在齐稷下被淳髡讥讽，二人进行了有关于"礼"的辩论。

周显王二十六年（公元前 343 年）

48 岁。齐田忌用孙膑之计大败魏军于马陵，庞涓自杀，太子申被俘。孟子在齐并不受重用，被齐人讥讽，孟子以"我无官守""我无言责"而自解。

周显王二十七年（公元前 342 年）

49 岁。商鞅伐魏，用计俘公子卯，大破魏军。孟子在齐。

周显王二十八年（公元前 341 年）

50 岁。孟子在齐。

周显王二十九年（公元前 340 年）

51 岁。（齐）邳迁于薛。魏为大沟，行圃田之水。孟子在齐。

周显王三十年（公元前 339 年）

52 岁。据《史记》所载，庄子与楚威王同时，威王聘为相，庄子辞见。赵良见商鞅，威胁商鞅下台。孟子在齐。

周显王三十一年（公元前 338 年）

53 岁。宋剔成卒，弟偃立。秦孝公卒，车裂商鞅于咸阳，其师尸佼逃蜀。孟子在齐。

周显王三十二年（公元前 337 年）

54 岁。韩申不害卒。秦仍用商鞅新法，楚、赵、韩、蜀朝秦。孟子在齐。

周显王三十三年（公元前 336 年）

55 岁。周显王三十三年，孟子在齐。

周显王三十四年（公元前 335 年）

56 岁。秦甘茂取韩宜阳。匡章因与孟子游，被齐用为将，败秦。梁惠王用惠施策与齐威王会徐州，惠王改元。孟子在齐。

周显王三十五年（公元前 334 年）

57 岁。楚灭越。孟子在齐。

周显王三十六年（公元前 333 年）

58 岁。苏秦合纵六国，于洹水歃血为盟。孟子在齐。

周显王三十七年（公元前 332 年）

59 岁。孟子在齐。

周显王三十八年（公元前 331 年）

60 年。秦败魏，俘其将龙贾，斩首八万。孟子在齐不被重用，拥楹而叹。

周显王三十九年（公元前 330 年）

61 岁。魏献西河之地于秦。孟子在齐。

周显王四十年（公元前 329 年）

62 岁。孟子在齐。

周显王四十一年（公元前 328 年）

63 岁。孟子在齐。

周显王四十二年（公元前 327 年）

64 岁。韩举于齐战，死于桑邱。孟母仙逝，孟子归葬于鲁，孟子第一次到齐国的后期已得到客卿地位，故以卿大夫之礼葬母。

周显王四十三年（公元前 326 年）

65 岁。五月魏会韩威侯于巫沙。十月韩宣王朝魏。孟子在鲁守丧。

周显王四十四年（公元前 325 年）

66 岁。四月秦惠王称王。五月燕王称王，韩宣王称王。孟子在鲁守丧。

周显王四十五年（公元前 324 年）

67 岁。楚败魏于襄陵。孟子在鲁三年之丧满，返齐。

周显王四十六年（公元前 323 年）

68 岁。昭阳为楚伐魏。滕定公卒。这时稷下学官衰落。孟子在齐见威王不能实现他的"仁政"主张，闻宋王将行王政，故离齐到到宋。答万章"宋将行王政"之间在此时。

孟子初对宋偃王颇抱希望，后与宋大夫戴盈之论废"关市之征"行什一之税受阻。孟子与戴不胜哀叹宋偃王周围"贤臣"太少。滕文公（当时尚为世子）过宋见孟子，孟子与之"道性善，言必称尧舜"。与宋勾践论游说之道。

孟子接受宋王七十镒黄金馈赠离宋；过薛，接受五十镒黄金馈赠作戒备之用。

归于邹，正值邹鲁发生冲突，孟子答邹穆公之问。屋庐子由任至邹问"礼与食孰重"？孟子到任见季任。孟子与曹交论"人皆可以为尧舜"。滕文公派然友到邹问葬礼，孟子答三年之丧。

周显王四十七年（公元前 322 年）

69 岁。齐国四月封田婴于薛，十月筑薛城。张仪相魏，逐惠施而楚纳之。六国皆称王，唯赵不称。

鲁平公初执位，因用孟子得意高足乐正克为政，孟子至鲁，遭臧仓反对，不遇鲁侯而归邹。孟子在鲁时曾与浩生不害论"乐正子何人也?"孟子反对鲁使兵家慎子为将。孟子由鲁归邹后，在本年十月之前至滕，"馆于上宫"。孟子在滕对滕文公详细阐明"仁政"主张，行井田、什一之税，以及小国事大国的主张。

周显王四十八年（公元前 321 年）

70 岁。孟子在滕与农学家许行之徒陈相辩论，主张"劳心者治人，劳力者治于人"。在此前后，孟子答公孙丑"不耕而食"之问。滕更学于孟子，挟贵而问。

周慎靓王元年（公元前 320 年）

71 岁。孟子离滕到魏大梁（开封）。梁惠王问孟子："亦将有利吾国乎?"孟子论"仁义"，反对法家，也反对纵横家以"利"游说诸侯;有与景春的对话，讥公孙衍、张仪为"妾妇之道";孟子在梁与梁惠王多次论政;孟子与白圭辩论，说白圭 1/20 税为貉道，善治水为"以邻为壑";孟子在梁与周霄论"古之君仕乎?"

周慎靓王二年（公元前 319 年）

72 岁。梁惠王卒，子襄王嗣位。孟子见襄王与之论"天下定于一";孟子对襄王不满，离魏，"自范之齐"，经平陆，与其大夫孔距心辩论;齐相储子派人给孟子送礼。

孟子到齐都临淄，居稷下学宫，齐宣王给予"卿大夫"的职位。宣王问"齐桓文之事"，孟子大谈"仁政"。

周慎靓王三年（公元前 318 年）

73 岁。魏、赵、韩、燕、楚五国合纵攻秦，不胜而归。

孟子在齐与宣王多次论政，大论仁政主张，如论"贵戚之卿"与"异姓之卿"，论"君臣关系"，论"尚贤"，论是否"毁明堂"，论"乐"等。

孟子与弟子公孙丑论"四十不动心"和"善养浩然之气;与王子垫论"士何事?"

周慎靓王四年（公元前 317 年）

74 岁。秦败韩、赵、魏联军于修鱼。齐联宋攻魏，大败魏于观泽。滕文公卒。

孟子由齐赴滕。吊滕文公之丧，归齐后又吊公行子之子丧。匡章问"陈仲之岂不廉士？"，孟子非之。

周慎靓王五年（公元前 316 年）

75 岁。燕会哙将国家"禅让"给相国子之。

沈同私问"燕可伐与"，孟子答"可"，齐宣王派匡章伐燕，孟子非之。

周慎靓王六年（公元前 315 年）

76 岁。齐宣王派匡章伐燕，胜之。

齐宣王问孟子可否取燕。

周赧王元年（公元前 314 年）

77 岁。燕内战，将军市被、太子平攻子之，子之杀市被。齐将匡章伐燕，杀燕王哙和子之。

齐取燕，齐宣王问孟子，诸侯欲干涉，该怎么办？孟子主张"置君而后去之"，齐宣王不采纳孟子的意见。

周赧王二年（公元前 313 年）

78 岁。齐宣王召见孟子，孟子称病不朝，出吊东郭氏，宣王使人到孟子居处探病，孟子又宿景丑氏府。

周赧王三年（公元前 312 年）

79 岁。燕人叛齐后，齐宣王叹"甚惭孟子"，齐臣陈贾为齐宣王辩护。

齐宣王不听孟子的主张，使孟子不得不离开齐国；齐宣王欲给孟子一所房子和万钟的俸禄，被孟子拒绝。淳于髡讽刺孟子，说他官在三卿之中，而名誉和功业都没有建立，怎么能离开齐国呢？孟子离齐之际，不过问开棠邑仓廪以救济饥民之事。

孟子在归途中，于齐之西南边邑昼城连住三宿，希望齐宣王能派人来挽留他，齐宣王终未派人来挽留，他才毅然离去。孟子离齐后悲叹："天未欲平治天下。"离齐归邹途中经宋，与宋会于石丘。归邹前在休停留，归邹后知其政治主张不会被诸侯采用，不复出游。

周赧王四年（公元前 311 年）

80 岁。秦伐楚，取昭陵。秦使张仪说楚，齐、燕、赵各国连横事秦，秦惠王卒，诸侯复合纵。秦樗里疾助魏伐卫。

　　孟子在邹与弟子万章、公孙丑等设问答，著《孟子》一书，记叙他的活动和阐明其各种主张。

周赧王五年（公元前 310 年）

　　81 岁。秦伐义渠、丹、犁。楚庶章率师会魏。惠施、张仪卒于此年。

　　孟子在邹著书。

周赧王六年（公元前 309 年）

　　82 岁。秦初置丞相，樗里子、甘茂为丞相。孟子在邹著书。

周赧王七年（公元前 308 年）

　　83 岁。秦伐韩宜阳。孟子在邹著书。

周赧王八年（公元前 307 年）

　　84 岁。秦拔宜阳，取武遂，秦王岁于周。孟子在邹著书。

周赧王九年（公元前 306 年）

　　85 岁。秦甘茂奔齐。赵攻中山胡地。孟子在邹患恶疾，坚持著书。

周赧王十年（公元前 305 年）

　　86 岁。秦内乱，杀其太后及公子。赵伐中山，中山献四邑以和。

　　孟子于十一月十五日冬至日死于邹。